心理 與 生活

幸福人生關鍵 一百

葉重新 著

作者簡介

葉重新

學歷

國立台灣大學心理學碩士
國立政治大學教育學博士

經歷

曾經任教中原大學、中國文化大學、淡江大學、輔仁大學、東海大學、實踐大學、萬能科技大學、國立政治大學、國立彰化師範大學、國立台中教育大學、朝陽科技大學、中台科技大學、國立空中大學、中央警官學校、台灣神學院；曾擔任保力達公司顧問、台中榮民總醫院精神科研究顧問、兩所大學系（所）主任、教育研究中心執行長

現任

亞洲大學心理學系兼任教授

著作

《心理測驗》、《心理學》、《教育研究法》、《教育心理學》、《心理與教育測驗》、《學生行為改變技術》、《變態心理學》，已發表學術論著百餘種

翻譯

《兒童行為改變技術》、《創造的人生》、《牧會協談的基本類型》、《商業心理學》

序 言

俗諺說：「人生如苦海。」許多人從小就立下大志，將來長大之後要成大功、立大業，可是在經過一輩子勞碌打拚，到了年老退休時，不但沒有非凡的成就，甚至晚年悽涼、窮困潦倒、婚姻不美滿、家庭破碎、子女不成才、貧病交加；年老即使想要東山再起，但是心有餘而力不足，只能感慨萬千。為何很多人一生追求成功與幸福的美夢無法成真？或許很多人都會埋怨自己不夠聰明、命運捉弄、家無恆產，或埋怨祖先沒有保佑；但是為何也有人能夠實現自己人生的夢想？「人一生的果效是由心發出的」（箴言4：33），個人的心思意念決定其一生。

人生在世上短暫的幾十年，通常要經歷童年、求學、工作、婚姻、養育子女、退休、面對死亡等階段，在這一連串過程中，求學、個性、人際關係、工作、婚姻與家庭、養育子女、投資理財、人生觀、身心健康等，都是影響個人一生幸福的重要因素。以上這些因素有許多是學校教師或父母，從來很少教導的事，因此使得許多人在其人生旅程中，潛在能力無法充分發揮，人生無法有最好的發展。

誠如肯・羅賓森（Ken Robinson）與盧・亞若尼卡（Lou Aronica）在其《讓天賦自由》（*The Element: How Finding Your Passion Changes Everything*）一書中所述：天賦＋熱情＋態度＋機會＝黃金人生。筆者在本書中提出一百個關鍵問題，期有助於讀者建立正確的求學態度、養成健全的性格、擁有良好人際關係、婚姻與家庭幸福美滿、懂得理財要領、工作順利、事業飛黃騰達、處世圓融，進而邁向幸福的人生。

葉重新　謹識

2011 年 10 月於亞洲大學

目 次

健康篇

求學篇

1 學習態度

　　自古以來，中國人就認為「書中自有黃金屋」、「書中自有顏如玉」。很多學生都想用功讀書考取狀元，進入名校就讀，將來能當官發財，功成名就。但是，為何大多數人無法如願？有一些家長認為，是因為孩子不夠聰明或祖先沒有保佑；而有些學生學業成績不好，就只會埋怨考試運氣不好或老師教學無方。其實，影響學業成績的因素很多，除了智力、同儕競爭、學習環境，與個人身體健康情形之外，最重要的因素就是學習態度。學習態度包括：學習方法、學習計畫、學習動機、學習習慣、學習過程等。

　　以學習方法來說，目前許多大學生平時不讀書，考試到了才勉強看書，臨時抱佛腳，寒暑假沒有考試也不讀書；不懂的問題不願去請教老師，亦不跟同學討論或查閱相關資料，這種學習方法能把書讀好嗎？舉例而言，大學裡有許多學科使用原文的教科書，學生閱讀速度很慢，但如果由幾位同學組成讀書小組，每個人負責翻譯一部分，然後相互交換翻譯資料，這樣就可以節省許多時間。

　　而學習計畫，就好比若要蓋一間別墅，必須先請建築師畫圖，接著排定施工進度，由營造廠的工人按圖施工，這樣才能如期完成。許多學生都沒有作好學習計畫，例如：每週要看多少書、要看哪些教材內容、要完成哪些作業、什麼時候複習功課，考試到了才臨時抱佛腳，這樣學業成績會好嗎？

　　就學習動機來講，學生學習興趣是否濃厚，除了教師指定的作業之外，是否會主動閱讀其他資料？有些學生認為，只要考試成績及格，能混到畢業就好，對讀書並沒有正確的認知，認為「讀書苦，苦不盡」，不願意自動自發去讀書，認為讀書是為了應付爸爸、媽媽的要求，如此一來，讀書動機自然薄弱。學生如果能夠了解讀書對自己前途的重要性，產生「讀書樂，樂無窮」的認知，自動自發去讀書，讀書動機就自然增強。

　　筆者在學生時代就認為，熟記一個英文單字值 1,000 元，只要一天記得 10 個英文單字就賺了 10,000 元，以此類推，每個月就能賺 300,000 元，所以每天都利用空檔時間很認真地背誦英文單字。在成功嶺受訓的二個月期間，從開訓到結訓都沒有離開成功嶺，也沒有任何親友來成功嶺探望我，週末與假日就趕快把握時間背誦、熟記英文生字，因為這樣，之後上了大學看英文本的原文書，就覺得速度很快又很輕鬆。

　　就學習習慣來說，有些學生不購買教科書，讀書的時候一邊讀影印的書，一邊看電視或吃東西、喜歡躺在床上看書、平時常常蹺課或遲到，即使到教室上課也不專心聽講、考試到了才熬夜，借同學的筆記或教科書去影印，養成這種讀書習慣，成績會好嗎？

　　學生在學習過程中是否集中精神，例如：上課是否準時或提早到達教室、上課時是否專心聽講或與老師互動、有無注意聽講、上課時是否有做筆記、不懂的地方是否問老師或請教同學、作業是否按時交給老師批閱等，都會影響學習成績。

　　家裡如果有許多藏書，孩子通常比較會願意讀書。台灣一般家庭有酒櫃而沒有書櫃，不少父母看電視時，卻叫孩子去讀書，家裡沒有讀書的氣氛，當然會影響孩子讀書的意願。父母如果花點小錢買些好書，哪怕只有幾十本書都好，家裡營造出書香氣息，都有助於提高孩子讀書的動機。

　　台灣一般中小學經常舉行考試，尤其為了升學考取名校，不少學生常常熬夜、補習，無形中對讀書產生倦怠感，上了大學之後考試的次數不多，許多學生在沒有考試的壓力之下，無形中就放鬆自己。其實，大學是學生步入社會從事各種行業的基石，所以養成良好的學習態度是未來成功的關鍵。

2 增進記憶力的方法

　　學生每一個學科的學習成績，都與記憶力息息相關，即使如數學、統計學、工程、物理、化學等理工科目，也需要記住公式。許多學生死背教材，導致考試成績不如預期，主要原因就是不懂記憶的要領。在知識爆發的現代社會中，人們每天要學習的事物很多，如何有效記憶已成為重要的課題。根據心理學家的研究，增進記憶力至少有以下幾種方法：

1. **過度學習**：這是指個人在學習過程中不斷練習，進而達到滾瓜爛熟的地步，就能減少遺忘的發生，例如：12 個英文生字花 8 次就背熟，最好再用心複誦 4 次，這樣自然就能牢記在心。

2. **聯想法**：這是指將所要記憶的材料與相關的資料聯想在一起，例如：要記中國大陸以前東北九省的名稱：「黑龍江、松江、合江、遼寧、興安、吉林、安東、嫩江、遼北」，可以聯想成「黑松喝了，心極安寧了」。

3. **軌跡記憶法**：這是指將所要記憶的內容，與有特定空間順序的事物，逐一聯想產生心像，因此在回憶時，就與這些固定空間順序的事物逐一想起，例如：登山客為了避免迷路而發生山難，在爬山途中每到一個分叉路口，就在樹上綁上紅布條作記號，待登山攻頂成功回程時，沿途找尋紅布條就可以順利下山了。

4. **押韻記憶法**：這是指將所要記憶的材料，編成有節奏韻律的詩歌或歌曲。有許多廣告歌詞都是採用韻語，使消費者容易牢記在心。如以《三字經》、《千字文》、《千家詩》為啟蒙教材，就是取其有押韻易讀的益處。

5. **關鍵字記憶法**：這是指利用心像聯想的方式，來協助記憶。這種方法特別適用於外國語文單字的記憶，許多學生學習外國語文時，最感困

難的就是，單字記了又很容易忘記，利用關鍵字法來記憶，相當有效，例如：

```
pair------------- （配的） ----------一雙
title------------- （抬頭） ----------標題
fat -------------- （肥的） ----------胖的
wood----------- （屋的） ----------木頭
theater -------- （戲台） ----------戲院
stove ----------- （煮豆腐） -------爐子
ladder---------- （累的） ----------梯子
conclude ------ （坎坷路） -------決心
```

上述括弧內的文字就是關鍵字，由英文單字的語音與關鍵字的連結，就形成關鍵字的心像，進而記住該英文字的中文意思。

6. **分層系統法**：這是指將所要記憶的材料分成幾個層次，再將每一個層次細分為幾類，這樣有助於事後的回憶，減少記憶訊息的混淆，例如：要記住以下寵物，可以歸類如下：

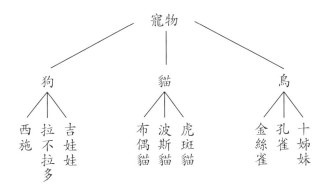

7. **關聯法**：這是指將所要記憶的材料，設法找出它們之間的關聯，例

　　如：要去文具店購買一本英文雜誌、膠水、光碟片，你可以想像：將膠水、光碟片放在英文雜誌上，準備照相。

8. **諧音法**：這是指利用相似的語音來記憶，例如：電話號碼「23619595」，其中「9595」與「救我、救我」的音相似；英文的「I am sorry」與閩南語的「也不鎖著」，兩者語音很相似；汽車號碼「……168」與「……一路發」，兩者語音很相似。

9. **字首組合法**：這是指將所要記憶的事件，以第一個字母來代表，再將字母組合起來，例如：瀏覽（survey）、質疑（question）、閱讀（read）、背誦（rehearsal）和複習（review），可以用 SQRRR 或 SQ3R 來代表。

10. **群組法**：這是指將一長串資料，分成幾組來記憶，例如：想要記住「1010001001110011110」，這一串數字雖然只是由 0 與 1 組成，但是也不容易記憶。如果能將這些數字採用邏輯記憶法，就容易記下來了。先假設 000 ＝ A、001 ＝ B、010 ＝ C、011 ＝ D、100 ＝ E、101 ＝ F、110 ＝ G、111 ＝ H，這樣所要記憶的數字就可以轉換成「FA-EHBG」，只要記得這些英文字母，再逐一轉換成其對應的數字，就可以全部牢記不忘了。有些電子工程師利用這種方法，能夠記住相當複雜的電路網。

　　學生上課聽講之後，大約只能記住 5%的教材內容；如果在聽講之後閱讀教材，大約能記住 10%的教材內容；如果教師能利用視聽媒體來教學，學生大約能記住 20%；在聽講與用心閱讀教材之外，又把教材與人討論，則大約能記住 50%；如果實際動手操作或書寫重點，則大約能記得 75%；如果能拿教材去教導別人，則大約能記得 90%以上。

　　有些學生死背教材，很容易忘記，例如：看到數學問題，雖然知道用哪一條公式來解答，可是當不了解公式原理的來龍去脈時，一旦公式忘了就無法解題。因此，學習必須知其然，更要知其所以然，這樣才可以牢記在心，機械式的記憶通常很容易忘記。

③ 準備考試與考試的技巧

每一個學生學習之後都要接受考試或評量，考試成績的好壞影響考生的前途，許多學生很用功但是成績不好，並不是因其智力低，而是因為不明白準備考試的方法與考試技巧。以下就準備考試與考試的技巧，分別條列說明之。

一、準備考試

1. 上課前先預習下一次上課的範圍，不懂的地方先做記號，上課時再請教老師。
2. 設法克服考試前的緊張情緒，例如：冥想、深呼吸。
3. 每週至少利用一個小時，來溫習一門功課。
4. 將重要的法規、公式、重點、關鍵字，列成一個表隨時加以溫習。
5. 在接近考試之前，針對考試重點特別加強複習。
6. 期中或期末考試的題目不要丟掉，這些考古題將來在各種考試再考出來的機會很大。
7. 對自己最沒有把握的科目或章節，要特別加強溫習。
8. 在溫習過程中發現不會的問題，要請教老師或同學。
9. 檢討自己以前考試的缺點，例如：作答是否太粗心大意。
10. 平時多利用圖書館，查閱相關文獻資料。
11. 參加考試之前，最好不要接收新的資訊，例如：看電視、看報紙或雜誌，以免干擾原先已經記住的內容。
12. 參加全國性考試時，因命題範圍很廣，例如：高等與普通考試，每一科目宜以一本教科書為主，研讀到精熟之外，相關的教科書也都要閱讀。

二、考試技巧

1. 考試前應提前到達考場，熟悉考場環境，並注意考試是否有新規定。

2. 作答速度快慢適中，必須注意每題可以分配的時間。

3. 簡單的問題先作答，困難的題目安排在後面作答。

4. 選擇題如果沒有答錯倒扣，對不會的題目可以全部猜同一個選項。

5. 是非、選擇或填充題的答案，若不太有把握，宜憑個人的第一印象來填寫。

6. 作答完畢之後，必須從頭再仔細檢查一次，不要匆匆忙忙交卷。

7. 填充題作答時，如果記不起書中所用的字詞，可以使用相同意義的字詞來代替。

8. 問答題或申論題作答時，每一題之間預留大一點空間，如果臨時想到什麼內容，還有空間可以補寫上去。

9. 問答題或申論題通常沒有答錯倒扣，但如果留空白一定零分，因此最好想到有關的內容都寫上去。

10. 問答題或申論題可以引經據典，例如：蘇格拉底說：「……」或孔子說：「……」；但最好不要提到「某教授說」，因為閱卷委員與該教授如果感情不好，你就可能成為代罪羔羊。

11. 問答題或申論題作答時，書寫文字不宜潦草，也不宜使用鉛筆或太細的原子筆作答。

12. 有些同學提早交卷，不要受到他們影響，應再仔細檢查是否有誤答或漏答的地方。

13. 考試之後必須針對不會或錯誤的地方找到答案，否則以後同樣問題再考出來還是不會。

4 發揮個人的潛在能力

在傳統中國社會裡，一般人認為學業成績代表一切，孩子只要會讀書就好，什麼事情都不必做。但難道說學業成績的好壞，就可以左右孩子一生的前途嗎？其實每一個人先天的稟賦並不相同，一個學生將來長大之後是否能成功，影響因素很多，除了要有健康的身體、良好的習慣，以及對事物的好奇心之外，另一重要因素就是個人的性向，也就是潛在能力。因此教師應針對學生的性向來教育，如此較能使其潛能發揮得淋漓盡致，將來也較容易成功。

每一個人都有不同的先天稟賦，有的學生對數字很有興趣，可以培養成為數學家、科學家、精算師；有的學生能言善道，可以培養成為作家、演說家、政治家；有的學生聽到音樂歌曲就有節奏感，可以培養成為音樂家、作曲家、演奏家；有的孩子善於畫圖，可以培養成為美術家、藝術家、創意設計家；有的學生善於體育活動，可以培養成為體育選手，例如：我國旅美棒球明星王建民，從小個子很高，是棒球投手的料子（就是有打棒球的性向、潛能），對打棒球也有興趣，經過長期努力終於舉世聞名，其年薪超過醫學系畢業生；如果王建民當初選擇當醫師、律師、建築師、歌手等，可能都無法一展長才。又如，淡江中學音樂科畢業的周杰倫，如果從小父母培養他當工程師，現在有可能成為詞曲創作力強以及新世代的新音樂紅人嗎？如果曾雅妮從小被培養成為音樂家，現在有可能獲得世界女子職業高爾夫LPGA錦標賽的冠軍嗎？

有的學生對空間以及藝術造形很有概念，可以培養其成為建築師、裝潢設計師；有的學生肢體運作靈巧，可以培養其成為體育教練、舞蹈家；有的學生有機械操作的天分，可以培養其成為飛行員、火車或高速鐵路駕駛員；有的學生對動植物、礦物、天文等具有高度敏銳的觀察辨識能力，可以培養

其成為生物學家、醫師、畜牧家……。

　　如果教師平時認真觀察學生的一舉一動，就很容易了解每一位學生的性向所在，也就是「伯樂識千里馬」。可是，有不少教師以目前各個行業薪水的高低，來引導學生往高薪的行業去發展，而不考慮學生是否具備某一方面的特殊天分，這樣就像是把一根圓型的木頭，要硬塞進去方形的木框裡，通常是無法成功的。

　　根據 1111 人力銀行「上班族學以致用調查」的報告顯示，半數以上的上班族認為，學生時期所選擇的大學科系，對目前的工作並無直接幫助，於是造成了「學非所用」、「用非所學」的怪現象。許多大學畢業生認為自己讀錯了科系，這樣不但造成個人的遺憾，同時也是國家與社會的一大損失。不少上班族後悔學生時代所填的科系，因為當時只是考量個人興趣與父母意見。事實上，「行行出狀元」，個人的工作需配合自己的性向、個性、興趣以及社會發展的需求，這樣個人未來才能夠有良好的發展。

　　許多國中或高中畢業生在填寫志願的時候，受到父母的影響，優先考慮未來出路。其實，現在熱門的領域因為就讀的人很多，所以將來可能導致就業競爭激烈。反之，現在冷門的領域，將來有可能變成熱門，例如：台灣二、三十年前，心理學系是冷門的學系，但是根據 104 人力銀行調查發現，心理諮商已經成為目前台灣十大明星產業的第二名。

　　目前世界各先進國家，大學醫學系幾乎都是最熱門的科系，台灣也不例外。大學入學考試中，一般考生都以考上醫學系為第一志願，許多學生家長也都期望小孩讀醫學系，於是最優秀的高中畢業生，大都進入大學醫學系，其中最主要的原因就是認為，當醫師能擁有最高的收入。雖然當醫師的確大都有很好的收入，但其實世界各國最有錢的人並不是醫師，很多大富豪都是出生在貧困家庭，憑藉自己不斷地努力奮鬥而成功，或家族本身就是非常富有的人，例如：王雪紅、郭台銘、高清愿等大企業家，都不是畢業於醫學系。

5 參加推薦甄選入學面試技巧

　　大學或研究所入學考試常採用推薦甄選，學生在面試過程中，常會猜想考試委員到底會問什麼問題。其實口試委員大都想了解考生的考試動機、就讀意願、學習態度、過去表現、學習計畫，以及是否準備好就讀本科系。面試委員可能發問的問題與回答要領如下。

問題一：請你自我介紹一下！

回答要領：

1. 自我介紹內容要與個人簡歷一致，最好事先以文字書寫自我介紹內容然後背熟。自我介紹的時間大約三分鐘，最好簡單明瞭。
2. 開場簡短問候，例如：各位委員好！
3. 自我介紹時盡量口語化，口齒清晰、聲音宏亮、心情輕鬆自然。
4. 自我介紹時，宜注視口試委員，面帶微笑。
5. 可以先介紹自己的名字。
6. 說明家住哪裡和簡述父母職業、手足關係。
7. 說明讀過什麼學校，在學校和班上的表現。
8. 說明自己的專長、興趣或嗜好。
9. 談談自己的抱負及未來。
10. 結尾時，懇請各位委員多支持，給自己機會。

問題二：請問你為什麼要來報考本系（所）？

回答要領：

1. 先上網了解該學系的簡介或詳細內容。
2. 先了解該學系的課程，並說明自己對這些課程感興趣。
3. 說明學校系（所）特色與自己興趣、志向相符合。
4. 說明自己未來生涯發展規劃，與該學系的畢業出路相符合。
5. 說明考上之後一定會來就讀。

問題三：談談你的家庭情況

回答要領：

1. 簡單說明家裡有哪些人。
2. 強調家庭溫馨和樂的氛圍。
3. 強調父母對自己教育的重視。
4. 強調家庭成員對自己的支持。
5. 強調家庭對自己的正面影響。

問題四：你有什麼課餘愛好？

回答要領：

1. 最好要說明課餘愛好，不限於讀書。
2. 最好不要說自己沒有課餘愛好。
3. 不要說自己有令人感覺不好的愛好。
4. 最好說一些與應徵系（所）性質有關的愛好。
5. 最好說自己的課餘愛好不只一種，否則可能會讓面試委員懷疑面試者是性格孤僻的人。

問題五：你最崇拜誰？

回答要領：

1. 所崇拜的人最好與自己欲推薦甄選的系（所）之歷史人物有關。
2. 崇拜的人物最好為推薦甄選的系（所）中外著名學者，但是不宜說崇拜該系哪一位學者。
3. 不宜說崇拜一個虛幻或不知名的人物。
4. 不宜說自己誰都不崇拜。
5. 最好說出自己所崇拜的人，具有哪些特質、哪些思想對自己有鼓舞作用。

問題六：你讀過哪一本與本系（所）有關的書籍？

回答要領：

1. 最好在考試之前，閱讀一兩本與該系（所）有關的書籍。
2. 閱讀的書籍應與該系（所）的組別有關。
3. 記得該書籍的作者、出版商。
4. 記得該書籍的主要觀念或內容。
5. 說明該書籍對自己的影響。

問題七：你的座右銘是什麼？

回答要領：

1. 宜說明一些成功的方法，例如：「只為成功找方法，不為失敗找藉口。」

2. 可以說明一些人生勵志的座右銘，例如：「一個人的成功不是因為他的聰明，而是因為他的努力」；「不問為何機會不來，只問機會來時你準備好了沒」；「快樂不能強求，但煩惱卻是可以避免的」；「現實是真，未來是夢，只要不斷努力，美夢就會成真」。

3. 座右銘最好簡短，例如：「屋寬不如心寬，心寬路就廣。」

4. 座右銘最好能反映出自己的某種優秀特質。

問題八：談談你的缺點

回答要領：

1. 可以說出一些無關緊要的缺點。

2. 不宜說自己沒有缺點。

3. 不宜把自己明顯的優點說成缺點。

4. 不宜說出令人不放心、不舒服的缺點，例如：常有自殺的念頭。

5. 可以說一些小缺點，例如：不太喜歡冒險。

問題九：談談你的失敗經驗

回答要領：

1. 不宜說自己沒有失敗的經驗。

2. 不宜把自己的成功說成失敗。

3. 不宜把自己的失敗完全怪咎別人。

4. 宜說明失敗之前，自己曾盡心盡力過。

5. 說明失敗的原因是由於外在客觀的因素所導致。

6. 說明失敗後自己很快就振作起來，以積極樂觀的態度面對未來的挑戰。

問題十：你如果就讀本系（所），有哪些可預見的困難？

回答要領：

1. 不宜直接說出具體的困難，否則可能會讓口試委員懷疑你的能力不足。

2. 可以說出自己的困難，但是會尋求他人協助。

3. 可以說一些不容易克服的困難，例如：家境清寒。

4. 可以說出自己的困難，但是須強調只要有毅力、堅強、與人合作精神，以及事前周密而且充分的準備，任何困難都是可以克服的。

5. 不宜說自己不會遇到困難。

問題十一：如果我們錄取你，你將怎樣展開學習？

回答要領：

1. 對於推薦甄選系（所）的課程地圖，應先有足夠的了解。
2. 先了解系（所）的課程規劃與生涯路徑圖。
3. 擬定學習計畫並與導師溝通，最後根據計畫展開學習。
4. 可以說自己打算大學畢業之後，繼續升學深造。

問題十二：我們為什麼要錄取你？

回答要領：

1. 我對就讀貴系（所）有強烈的學習動機。
2. 我對貴系（所）的學習領域很感興趣。
3. 我對貴系（所）的未來發展很有信心。
4. 我對自己未來的生涯發展有足夠的信心。
5. 貴系（所）是我的第一志願。
6. 如果口試委員問的問題你不會回答，這時不必慌張，比較好的答覆是：「委員您問的問題很重要，這個問題我曾經看過書，可是一時記不得，我回去之後會很快去查閱相關資料。」

6 自我學習管理

　　筆者曾在十幾所大學教過書，發現許多學生平時不用功讀書，甚至常蹺課，考試快到了才勉強拿起書本來背一背，應付學校考試的情形相當普遍。這些臨時抱佛腳的學生，將來升學與就業不容易成功。為什麼會產生這種現象？至少有以下幾個原因：

1. 學校考試時間固定，而且考試次數太少，許多大學一個學期只有期中考與期末考，考試時間在開學之後學生就知道了。
2. 不少學生因為家庭經濟困難，或個人虛榮心生活花費大，於是經常在外打工，把讀書當副業。
3. 有些學校訂定的教務法規太過寬鬆，例如：要連續兩個學期成績不及格達三分之二以上才退學。
4. 一般教師為了趕教學進度，很少對學生實施隨堂考試。
5. 不少班級學生人數很多，於是教師很少對班上學生點名。
6. 許多教師擔心對學生嚴格要求，學生對老師的教學評量，會產生報復的心理。

學校如何培養學生自我學習管理的能力？針對上述原因提出以下對策：

1. 學校考試時間不固定，除了期中考與期末考之外，請各班教師增加隨堂考試次數。每一個學期考試次數由教師決定，學生不知道哪一天要考試。考試的時間由教師自行決定，不必先由教務處事先公布。
2. 對家庭經濟困難學生提供校內工讀的機會，輔導學生把讀書當正業。
3. 學校訂定的教務法規不宜太寬鬆，例如：只要所修學科連續兩學期成績不及格達二分之一以上，就予以退學。
4. 請教師除了期中考與期末考之外，增加隨堂考試的次數，並加強對班

上學生點名。

5. 如果班級學生人數很多，可以讓學生簽名，以節省點名時間。

6. 學生對老師的教學評量結果，不要做為教師升遷、停聘或解聘的依據，以免教師不敢勤管嚴教或傾囊相授，為了討好學生而放水，最後學生什麼東西也學不到。

　　教師應教導學生做好自我學習管理，否則在漫長的寒暑假期間，沒有任何考試，學生根本就不會自動自發找尋資料或看書，平白浪費許多寶貴的時間。管理大師彼得‧杜拉克（Peter Drucker）在《21 世紀的管理挑戰》（*Management Challenges for the 21st Century*）一書中寫道：「有偉大成就的人，向來善於自我管理。」許多學者專家都認為，人類最大的敵人就是自己，自己也是成功的絆腳石。大多數學生沒有考試就不讀書，這種被動學習將成為學業失敗的源頭。主動精神在求學的過程中，實在是很重要，換句話說：「今天你能主動請教別人，明天你就有機會勝過別人。」

　　彼得‧杜拉克也曾經說過：「時間是世界上最短缺的資源，除非善加管理，否則一事無成。」時間對每一個人來說，是最公平的，不論貧窮富貴、達官顯宦、販夫走卒，每人每天都只有 24 個小時。其實，做好時間管理是需要學習的，學校教育也應教導學生做好時間管理。

⑦ 啟迪多元智能

　　每一個人都各有不同的智慧與能力，簡稱多元智能。有些教師或家長因為學生或孩子的學業成績不好，就認為他沒有前途、將來沒有出息，其實這是不正確的想法。大家都知道，「天生我才必有用」，教師應了解每一位學生究竟擁有何種智能，然後給予適當教導或啟發，協助他們充分發揮潛在能力，成為一個社會上有用的人才。美國哈佛大學教授霍華德・葛納（Howard Gardner）主張，人可以分為以下九種智能，不同智能的人可以成為不同行業的人才：

1. **語文智能**：這是指有效運用語言、文字以及口語表達溝通的能力。如果孩子語文智能強，就可以培養成為律師、作家、新聞媒體人、記者、演說家。

2. **邏輯數學智能**：這是指有效運用邏輯推理和數字的能力。如果孩子邏輯數學智能強，就可以培養成為科學家、醫師、數學家、工程師、程式設計師、財務金融家、會計師、稅務人員、統計學家、電腦軟體研發人員、商人、證券分析師。

3. **運用空間智能**：這是指運用空間關係以及藝術造形的能力，例如：玩拼圖、走迷宮的視覺遊戲，喜歡想像、設計圖形與幾何學習。孩子運用空間智能的能力佳，就可以培養成為建築師、藝術家、室內設計師、航海家、導遊、攝影師、畫家。

4. **肢體運作智能**：這是指靈巧運用身體及雙手表演的能力，這項智能包括特殊的身體技巧，例如：平衡、協調、敏捷、彈性和速度，以及由觸覺所引起的能力。肢體運作智能強的孩子，可以成為舞蹈家、飛行人員、雕塑家、理髮師、魔術師、演員、舞者、體育運動健將、機械師、縫紉員、木匠、鐘錶匠、起重機操作員、火車駕駛員、大小客車

司機、水電工、廚師、美容師、服裝設計師。

5. **音樂智能**：這是指察覺、辨別、創作與欣賞音樂的能力，這項智能包括對音樂節奏、音調、旋律或音色的敏感性。音樂智能強的人通常有很好的歌喉，能輕易辨別出音調準確度，對音樂節奏很敏感，常常一面工作，一面聽唱；他們會彈奏樂器，一首新歌只要聽過幾次，就可以很準確的把它唱出來。孩子如果音樂智能強，就可能成為演奏家、指揮、歌手、作曲家、樂隊成員、音樂家、調音師。

6. **人際智能**：這是指能察覺他人的情緒、動機及態度，並達成圓融人際關係的能力，這包括對他人臉部表情、聲音和動作的敏感性，以及對他人的言行做出適當反應的能力。人際智能強的人，可能成為政治家、各行業領導者、社會工作師、教師、精神科醫師、警察、推銷員、行政人員。

7. **內省智能**：這是指能正確認識自己，省察自己情緒、動機、慾望以及管理自己的能力。內省智能強的人，比較會反省自己，常試圖由各種回憶中了解自己的優缺點，經常靜思以規劃自己的人生目標。內省智能強的孩子，可能成為心理師、教誨師、神職人員。

8. **自然觀察智能**：這是指能了解人與大自然萬物之間的關係，對自然、動物、植物、礦物、天文等景物，有高度的興趣及敏銳的觀察辨識能力。自然觀察智能強的孩子，可能成為生物學家、環保學家、畜牧家、地質學家、獸醫、天文學家、自然生態保育員、園藝師、農夫。

9. **存在的智能**：這是指能了解生命的意義，並且在有生之年對人類社會貢獻自己的能力。存在的智能強的人，可能成為哲學家、宗教家、命理師、歷史學家、殯葬禮儀師。

教師可以透過平時觀察、導生晤談、實施智力、性向或興趣測驗，來充分了解每一位學生的智能。教師要像伯樂識千里馬，不要放棄任何一位學生，只要給予適當的引導，每一個學生將來都可以成為各行各業的專家，也可以成為社會上有用的人才。

8 提升創造力

　　一般人常認為，創造發明一定要有高的學歷或智力，但其實許多發明家的學歷並不高。根據心理學者的研究，創造力低的人大都以為任何問題有一定的標準答案，只要依循邏輯去思考就能解決；這種人的思考固執、僵化，創造力比較低，例如：一般人常說：「無風不起浪」，其實這種說法不見得正確，因為海嘯或地震也會起浪！又如：「萬丈高樓平地起」，其實這種說法也不正確，因為蓋高樓必須挖很深的泥土，打穩堅固的地基。

　　愛因斯坦曾說：「創造力比知識更重要。」台灣光復已經超過六十年，但是在本土大約160所大學中，尚未有任何大學培養出獲得諾貝爾獎的學者。雖然李遠哲博士拿到諾貝爾獎，但是他的博士學位是在美國完成的。

一、世界先進國家諾貝爾獎得獎人數

　　截至 2010 年 1 月 31 日，世界先進國家諾貝爾獎的獲獎人數，統計資料如下表：

諾貝爾得獎人數統計表

物理學獎	化學獎	文學獎
美國 75 人	美國 48 人	法國 13 人
英國 20 人	德國 29 人	美國 10 人
德國 19 人	英國 24 人	英國 9 人
法國 12 人	法國 6 人	德國 7 人
荷蘭 8 人	瑞士 5 人	瑞典 6 人

　　由該表可知，諾貝爾獎得主的國籍，以美國籍最多，德國居次，英國第三。荷蘭、瑞士這兩個小國家，人口比中國少很多，但是諾貝爾獎得主比中國多。中華民族人口數居世界之冠，但是為何獲得諾貝爾獎的人那麼少？真是華人比較笨嗎？其實並不是！

二、影響創造力的因素

（一）傳統思想

中國自古以來之儒家思想，強調尊師重道、敬老尊賢、服從長上、遵守團體規範，使人產生不敢挑戰傳統權威，唯命是從的心理。傳統思想對個人品德的陶冶雖然有正面的影響，但是不利於個人創造力的發展。在華人傳統社會裡，特別重視人倫的關係，比較不重視人與物的關係，認為科學與創造發明屬於雕蟲小技，對於從事創新發明並不受鼓勵，無形中阻礙人們創造能力的展現。

（二）社會文化

一般民間宗教信仰強調忍耐、逆來順受、六根清淨、無欲則剛、四大皆空，例如：天氣炎熱要修鍊到「心靜自然涼」，這樣自然就不會產生發明冷氣機的意念了。此外，東方人比較相信命運掌控自己的未來，不少人為了升官、發財、祈求平安而到處求神問卜，甚至掌握權位的大官們也不例外，這種不講求科學證據的思維與行為，對一般人產生不良示範，無形中阻礙了創造力的發展。

（三）風俗習慣

風俗習慣會使人習以為常，以為違反風俗習慣者就是異端，所以人們只好遵從，很少人敢表達自己新的想法，例如：相信男女相差三或六歲不宜結婚、只有黃道吉日才可以辦喜事、農曆七月（俗稱鬼月）不可以結婚、搬家等，這種思維都容易使人不敢悖逆。

（四）學校教育

一般學校教育重視學生的升學率與品德的陶冶，對標新立異的學生不太歡迎。教師注重既有知識的傳授，忽略培養學生實證、批判性思考與創新發明的能力。因此，學生只會背誦教材來應付各種考試，只吸收課本或老師傳

授的知識，若遇到老師沒有教過的問題，就不知道如何去解決。在這種填鴨式的教育方式下，實在很難培養出傑出的科學家，無形中剝奪了學生創新思維與獨立思考的能力，同時不利於國家社會的未來生存與發展。目前台灣一般學校培養出來的學生，創造力偏低的主要原因如下：

1. 教師重視教科書知識的傳授，而忽略教導學生主動建構知識的方法。
2. 學生缺乏創造思考的體驗歷程。
3. 學校重視紙筆測驗、教材記憶與背誦。
4. 學校重視學科本位，忽略課程整合。
5. 學校強調個別學生的學業表現，不重視團隊合作與知識分享。
6. 學校強調要努力用功，學生無法樂在其中。
7. 學校重視言教要求，忽略對學生潛移默化。

目前台灣許多大學，基礎科學的學系都不容易招到第一志願的學生，因為出路不見得很好。在整個社會向「錢」看的環境裡，畢業後容易就業、找到高薪的學系比較吃香，在這個情境之下基礎科學的學系，就不大受歡迎，如此的情形之下要培養出諾貝爾獎人才，就相當困難了。

創造力來自理性的思維和解決問題的能力，這種能力可以經由教育來加強，例如：教師問學生「報紙有哪些用途？」、「沒有圓規如何畫一個圓？」、「如何以新台幣 50 元生活一個星期？」、「石頭可以做哪些用途？」、「如何做出新的飲料？」這種問思教學法，有助於啟發學生的創造力。教師也可以從以下各種途徑，來激發學生的創造力：

1. 以學生為中心，啟發學生的想像力。
2. 學習環境特別注重活潑、安全、自由的氣氛。
3. 激發學生主動追求知識的學習動機。
4. 教導學生改變現有的想法，採取各種途徑探索新的主題或事物。
5. 協助學生思考運用知識，去解決各種疑難問題。
6. 重視學生彼此合作與知識分享。
7. 鼓勵學生提出解決各種問題的策略。

（五）家庭教育

　　根據研究，創造力高的人其父母大都教育程度比較高，比較重視子女的教育，能提供有利的學習環境與文化刺激，平時多與孩子溝通，利用各種場合提出問題讓孩子來思考，激勵他們求知的慾望，有空就帶小孩到處去旅遊，讓孩子從所見所聞中，產生思考與得到靈感。同時，以民主的方式來管教子女，對孩子的學習成就有較高的期望，能夠針對子女的潛在能力加以教養；反之，父母不重視子女教育，無法提供有利的學習環境，很少與孩子溝通，同時以嚴厲的方式來管教子女，這樣對孩子創造力的發展將有不良的影響。

　　華人傳統的家庭強調「天下無不是之父母」，「小孩只能聽，不能說」。許多父母只希望孩子乖巧孝順、會讀書就好，這種家庭教育方式讓孩子產生順從的心理，無形中卻阻礙了孩子的思考與創造力。

　　也許你會以為自己的學歷不高，怎麼可能有創造力？根據心理學者的研究，創造力並不是與學歷高低成正比的。創造力高的人通常對任何事物充滿好奇心，對目前的事物保持懷疑的態度，並且對現況有求新求變的精神。其實每一個人都有創造力，創造力不在智力高低，而在於自己思考的敏銳度。

9 教育是一種投資

　　台灣由於國民教育相當普及，高等教育的蓬勃發展，帶動了經濟繁榮與社會安定。在中國傳統社會裡有士大夫的觀念，普遍認為「天下唯有讀書高，書中自有黃金屋，書中自有顏如玉」的文化，所以許多父母希望孩子繼續升學。但是，也有一些人主張升學不是人生成功的萬靈丹，例如：以前曾有一位非常著名的企業家，提出學歷無用論的觀點，因為他的學歷不高，所以用人從來不看學歷。台灣在光復以前，大部分的人只有小學畢業，在日據時代，據說小學第一名畢業生就可以留在小學當老師，可見在當時的時代背景之下，學歷不高是沒有什麼關係。但是，在目前台灣的社會環境裡，大多數人都可以讀到大學畢業，想要跟別人競爭、取得優勢，多接受教育是十分必要的。

　　整體來說，在台灣教育程度愈高的人，其平均待遇也愈高。博士平均薪水高於碩士，碩士平均薪水高於學士。根據 1111 人力銀行在 2009 年的薪資調查資料顯示：台灣接受過高等教育的人，其性別和職務的高低，都是影響其薪資的重要因素。其中，專科平均月薪為 27,265 元，大學畢業生的平均月薪為 27,150 元；碩士新鮮人起薪平均為新台幣 38,939 元，博士畢業生起薪平均為 59,333 元。以美國為例，高中畢業後再拿到一張專科文憑的人，年薪比高中畢業生多了 7,200 美元（大約台幣 22 萬元）。如果能拿到學士學位，年薪會多出 21,000 美元（大約台幣 63 萬元）。雖然目前教育程度愈高的人，其平均待遇也愈高，但是仍有許多例外，這些例外的人與其家庭背景、性格、性向及機運有關。

　　在台灣光復初期，筆者小學班上有一位成績優良的同學，他父親是非常貧困的鄉下人，所以要他畢業之後不必升學，而去當建築工地的工人，賺錢幫忙家庭生計。在當時的社會環境裡，全台灣沒有幾所大學，許多人的最高

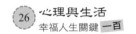
學歷只有中學畢業，所以學歷高低與工作待遇的關係並不明顯。

　　而目前台灣高中畢業生錄取大學的機率很高，甚至有些學生即使考上大學仍然放棄入學機會。其實，在目前的社會中，學生畢業之後每一個月的平均待遇，與其個人學歷高低成正比。如果家庭貧困的學生希望將來能有高收入，不應提早投入就業市場，也不應到處打工影響學業，而應多花一些時間與金錢去求學，提高自己的學歷，充實自己的專業知識與技能，這種投資對個人未來的生涯發展，才是值得的。

　　也許有人認為自己學歷低就不會成功，或認為學歷高就一定會成功，其實這種想法並不完全正確，因為成功必須包含健康的身心、做事有魄力、正確的判斷力、理性的決策、自我肯定、良好人際關係、樂觀進取、資金多寡、管理與行銷能力、機運等許多因素。

⑩ 學校畢業後的成就

　　每年有很多學生畢業踏入社會，他們大都希望畢業後能夠一帆風順、鵬程萬里、前程似錦，能大展宏圖，甚至成就一番偉大的事業，將來光宗耀祖或成為社會頂尖的人才。但是，大部分的人都無法如願以償，甚至學非所用。即使在學校裡學業成績最好的學生，畢業之後也不一定有最高成就，許多知名大學的畢業生也有平凡過一生的，甚至有人一生窮困潦倒。為什麼夢想會幻滅？其實個人的成就與就讀什麼學校或科系，並沒有必然的關係。

　　一般來說：「學業成績愈好的學生，通常智力愈高」，照常理講，愈聰明的學生將來步入社會之後，成就也應愈高。但是，根據心理學者研究結果顯示，一個人一輩子的整體成就表現，其實智商（IQ）大約只占了四分之一的分量，其他四分之三，要靠個人的思維、努力、個性、人際關係、毅力、家庭背景與機運等；所以一個人只憑著高的IQ，其實不足以讓人成為人生道路上的成功者。

　　有些學生認為自己不夠聰明，造成學業成績不好，所以再怎麼努力用功也沒有用，於是不認真求學；也有一些學生認為，自己就讀的學校並不是知名的學校，或自己所念的科系非常冷門，畢業以後不好找工作，這種學生容易產生自暴自棄的心理，將來很難成大功立大業。此外，有些人認為自己小時候成績很好，大學或研究所成績也很優良，為什麼長大之後事業無法成功？於是就怪命運捉弄，甚至埋怨缺乏資金。其實一個人的智商高低和他將來是否會成功，這兩者之間並沒有必然的關係，而且學校所學習的知識，與畢業後所從事的工作不一定有密切關聯。此外，在學校所學到的知識，間隔幾年就趕不上時代的需求。

　　社會就是一所大學，個人除了要以學校所學得的知識作基礎之外，還需要有遠大的目標，隨時做好充分準備，一步一腳印腳踏實地、默默耕耘，隨

時鞭策自己，能夠吃苦耐勞，建立良好人群關係，做事要有魄力與企圖心，要有冒險犯難的精神；而且在冒險的過程中，如果不幸遭遇到重大挫折的時候，不氣餒、不放棄、不怨天尤人，反而要有謙卑的心不斷學習，隨時進修與自我充實，終生學習，不斷自我反省與檢討改進，時時自我激勵，這樣就比較有機會實現自己的夢想。

個性篇

11 每個人有獨特的性格

俗語說：「改運改命，不如改個性」，由此可見，人格對一個人的重要性。人格又稱為性格或個性，是指個人在生活情境中，對一切人、事、物所表現持續的獨特特質；因為每個人的人格具有獨特性與個別差異，所以俗諺說：「江山易改，本性難移」、「一樣米養百種人」、「知人知面不知心」。

心理學者榮格（C. G. Jung）將人的性格分為內向與外向。薛爾登（W. H. Sheldon）依據人的體型分為內胚型（身材圓胖）、中胚型（身材健壯）、外胚型（身材瘦長），他認為內胚型者具有樂觀、和藹、擅長交際之人格；中胚型具有自信、幹勁、競爭、支配他人之人格；外胚型具有內向、沉思、壓抑之人格。有人依據血型分類認為：O 型的人理智現實、A 型的人喜好平靜、B 型的人個性爽朗、AB 型的人反覆無常。也有人根據人的長相、骨相、出生星座、筆跡、生辰八字……等，來分析人的性格。以上的分析結果大都沒有科學根據，例如：有一個犯罪學者認為犯罪者的面貌特徵與正常人不同，於是到監獄觀察幾千位受刑人，統計結果發現，受刑人以皮膚黑、下巴向前突出、額頭比較窄者居多；但其實許多正常人也具有這些特徵，如果只根據人的外貌或長相來判斷一個人，很容易發生偏差。

以下是心理學者對人格類型較常見的分類：

1. A 型人格：根據美國人口局（U.S. Bureau of the Census）於 1994 年的報告資料顯示：美國有大約三分之一的人死於心臟病。美國心臟病學家佛雷德曼與羅森曼（Friedman & Rosenman）於 1974 年的研究發現，心臟病患者大多數具有 A 型人格，這一類型的人具有喜歡與人競爭、求好心切、好勝心強、個性急躁、做事求完美等人格特質。在現代工商業社會中，由於生活競爭劇烈，凡事都要與人競爭，勝者生存，敗

者被淘汰，A 型人格者在重大的生活壓力情境下，內分泌腺容易分泌出有毒的物質，因而容易產生疾病。

2. B 型人格：B 型人格與 A 型人格相反，具有這類人格特質者，凡事從容不迫、悠閒自在、一切隨緣、與世無爭、對名利看得很淡薄，這種人比較不會得心臟病。佛雷德曼（Friedman）與其同事的研究發現：A 型人格者罹患心臟病的機率，是 B 型人格者的六倍。

3. C 型人格：有一些學者提出 C 型人格，具有這類人格特質者，凡事自我克制、服從權威、自我犧牲、做事有耐心、常吃悶虧、避免表現憤怒或不滿的情緒。這種人長期壓抑自己的情緒，比較容易罹患癌症，而且罹病之後病情容易迅速惡化。

4. D 型人格：近年來，又有一些學者提出 D 型人格，具有這類人格特質者，凡事容易悲觀、憤世嫉俗、苦惱、憂傷，任何一點風吹草動都很容易緊張焦慮不安，總是覺得不幸的事情會降臨到自己身上，這種人比較容易罹患身心症或憂鬱症。

5. T 型人格：美國心理學家弗蘭克・法利（Frank Farley）提出 T 型人格概念，他認為 T 型人格的人具有冒險、喜好刺激的人格特徵。他又把 T 型人格分為正面與負面 T 型人格，前者是指有積極、創新和建設性的冒險，例如：科技創新的科學家或思想家，在知識領域的探索和創新，又如以身體極限運動來實現夢想。另一種負面 T 型人格，屬於消極、病態和破壞性的冒險行為，例如：酗酒、吸毒、犯罪。

晚近，人格心理學者寇斯塔與麥克克雷（Costa & McCrae）於 1992 年發現，人格包含以下五大類型：

1. **友善性**：友善性好的人能善解人意、容易與人相處、具有同情心、喜歡與人合作；友善性不好的人，容易誤解人意、不容易與人相處、沒有同情心、不喜歡與人合作。

2. **神經質**：神經質高的人，容易焦慮、情緒不穩定、容易緊張煩惱、容易杞人憂天；神經質低的人悠閒自在、情緒穩定、不容易緊張煩惱。

3. **開放性**：開放性強的人，富有好奇心、具有想像力、大方開朗、有審美觀；開放性低的人，保守、故步自封、缺乏想像力、憂愁、內斂、沒有審美觀。

4. **自律性**：自律性強的人做事有計畫、有恆心毅力、遵守常規、做事盡心負責；自律性低的人做事沒有計畫、容易半途而廢、不遵守常規、做事草草了之。

5. **外向性**：外向性高的人喜歡交際、主動積極、樂於接受挑戰；外向性低的人不喜歡交際、消極被動、逃避各種挑戰。

成功的人通常不是學業成績最優秀，也不一定是知名大學畢業的人，而是要具有圓融的個性、廣結善緣、與人合作無間、善解人意、具有同理心、情緒穩定、有自信心、富想像力、開朗大方、做事有計畫、積極進取、有執行力、人際關係良好、能自我反省、樂於接受挑戰等個性。反之，失敗的人通常個性古怪、對人充滿敵意、我行我素、待人刻薄、單打獨鬥、缺乏同理心、缺乏自信、情緒不穩定、缺乏想像力、做事沒有計畫、缺乏恆心毅力、推拖責任、不喜歡交際、不會自我反省、消極被動、逃避各種挑戰。

12 打破固執個性

　　固執是指，個人堅持己見而不肯變通。因為固執的人總是從自我的觀點看事情，或是認為自己的想法才是對的，不會站在別人的立場來看事情，所以要改變他的想法就很困難。以台灣為例，藍、綠陣營都認為自己政黨的政策才是對的，自己支持的候選人才是英明的，但其實對方陣營也有不錯的政策或人才。許多政治人物很固執，他們都堅持自己的立場，不肯欣賞對方的優點，認為對方所做的每件事都是錯誤的，於是政黨之間沒有辦法溝通，彼此衝突不斷，導致人民的痛苦指數很高。

　　固執的人大都認為：「事情就是這樣」，別人的意見他聽不進去，覺得自己已經活到這把年紀了，懂得比別人多。但事實上，固執並不是老年人才有，有些年輕人也很固執，例如：有一位女生要找結婚對象，一定要身高超過 175 公分的男士，又有許多嚴苛的條件，一直到了 40 歲，她還是個單身女孩。又如，一位男士 30 歲之前就結婚了，可是他一直認為要治好自己的糖尿病才肯生孩子，結果拖到 40 歲還是沒生小孩。

　　如果我們懂得放下固執，站在別人的立場看事情，就會發現事情並沒有想像的那麼嚴重。以下是二則關於固執的故事：

　　其一，有一隻美麗的小鳥，自從出生以來每天只在地面跳躍行走，從來不曾試著展開翅膀翱翔天際，其他的鳥類同伴在天空上看見，紛紛飛下來勸牠展開翅膀，就可以飛得又高又遠。可是，這隻小鳥卻仍然固執己見，不願意展翅高飛，所以一直無法鳥瞰美麗的大地。

　　其二，達悟族人有一個神話與傳說：很久以前，有一隻老鼠和小鳥是很好的朋友，有一天牠們相約乘船去釣魚。兩個好朋友準備好午餐、釣具和船槳，合力把船划到海中央就開始釣魚。到了中午，老鼠肚子餓了，於是吵著要吃東西，向小鳥懇求了好幾次，小鳥卻都固執地不肯答應。小鳥認為當時

運氣正好，可以釣到許多魚；可是老鼠實在太餓了，便忍不住開始啃食船板，小鳥焦急的勸說也無法阻止。不久，船破了一個大洞，海水湧進船艙。這時小鳥無奈地飛走了，老鼠只好隨著船沉入海裡，變成了一條魚。

一個人如果堅持自己的想法而擇善固執，並非壞事；但是如果固執不講理，不肯接受別人的建議，不肯改變自以為是的想法，總以為自己比別人聰明，就容易錯失機會、喪失圓融的人際關係，甚至缺乏更廣闊的人生視野。

時下一些年輕人，因為異性朋友移情別戀，一時想不開而自殺身亡，這種令人感到非常遺憾的事情時有所聞。事實上，天下適婚年齡的異性非常多，不必也不該執著於某一個特定的對象，如果人家不喜歡你，勉強得到了也不會幸福。因此腦筋要靈活一點，不要鑽牛角尖，需要水平思考，比較容易解決問題，例如：這裡釣不到魚，換個地方去釣；又如，大學入學考試幾年都無法上榜，可以試著考軍校或出國留學；找不到理想的對象，就把條件放寬一點；無法生孩子也可以領養小孩。

心理學家拉哲陸斯（R. S. Lazarus）曾說：「一件事情如果做不到，就可以認為不是很重要的事情。」如果做不到卻一直要勉強自己去做，就會產生不快樂與無助感，甚至產生抑鬱的情緒，例如：參加高等考試幾十次都失敗，再繼續考下去會嚴重打擊自信心，產生無助感或憂鬱症。因此不必固執的再繼續考下去，去從事別的工作也會成功的。但是，如果自己認為很重要的事情，最好努力去做，努力之後若不成功，也不必難過，因為自己曾經努力過了，在這個過程中也學到一些東西；而且影響成功的因素很多，並不是自己能夠完全掌控的。其實，重要的事情不會太多，大部分的事情並沒有如自己想像的那麼重要。

13 突破自卑邁向卓越

心理學家阿德勒（A. Adler）認為，一個人無法達成自己的目標，或與他人比較發現自己不如他人的時候，就容易產生自卑感。自卑感就是對自己失去自信心，總是覺得自己不如他人，認為自己樣樣都比人差，他人樣樣都很好。

自卑感可以粗略分為身體及心理的自卑感，身體自卑感包括：身體殘障、個子矮小、太胖、太瘦、面貌五官不雅、兔唇、身體衰弱多病、皮膚黝黑、臉上有黑痣等。心理自卑感包括：智能不足、學業成績差、收入微薄、家境貧困、失業、婚姻失敗、社會地位低，以及在生活中嚴重的挫敗感等。一個人如果有嚴重的自卑感，很容易影響學業、婚姻、工作、事業和人際關係的發展。

天底下沒有「完人」，每一個人都有某方面的自卑感。事實上，一個人有自卑感不見得不好，因為有自卑感的存在，反而可以成為促使個人發揮潛能、超越他人的一股強大力量。當個人產生自卑感之後，通常會設法彌補自己的缺點，以恢復內心的平衡，例如：有一名口吃的學生，勤於練習語言表達，終於成為著名的演說家；有一位智商中下的學生，勤奮向上終於考上了一所著名的大學；一位窮困人家的小孩為了脫離貧困，在事業上打拚，終於成為大企業家。

阿德勒（A. Adler）曾說：「每個人都帶著不同的自卑感長大。」在每個人成長的歲月中，都有經歷挫折和失敗的經驗，導致自信心受到損傷。有一個動物實驗如下：科學家曾將一條大魚和一條小魚同時飼養在水缸裡，然後以透明玻璃把牠們隔開。大魚一再受阻於玻璃板，而無法攻擊小魚。終於，在無數次挫敗經驗之後，科學家抽掉玻璃，大魚的攻擊行為也消失了，因為大魚不相信自己能成功攻擊小魚。傷痕屬於過去，它和未來無關！千萬不要

做那隻錯失良機、不再主動出擊的魚！

　　個人建立自信的第一個作法，就是「永遠不要否定自己、永遠不要否定自己的未來」。換句話說，永遠要對自己的未來懷抱希望，有這樣的自信心，我們所期望的一切，都是可能實現的。

　　台灣口足畫家謝坤山在 16 歲那年，因觸高壓電導致雙手、右小腿截肢，右眼也喪失視力。1980 年，他得到名畫家吳炫三先生的指導與鼓勵，白天學畫，晚上讀補校，學了七年完成高中的學業。他曾六次參加全國性比賽，雖然每次都落選，但他仍然勇敢地一次次向自我的創作挑戰，終於在 1996 年獲頒「十大傑出青年」，1997 年得到國際繪畫競賽的視覺創作獎，這是超越自卑邁向卓越的典範。

　　每個人都有某方面的自卑感，其實自卑感並不可怕，可怕的是遭遇到困難的時候，不願意勇敢去面對，懷疑自己的能力，埋怨上天、退縮、嫉妒別人或自暴自棄，這樣就容易產生沮喪、憂鬱的自卑情結。

　　一個人如何才能克服自卑感？第一，要相信「天生我才必有用」，只要肯努力就會成功；第二，要自我肯定、相信自己、自我鼓勵；第三，要有適合自己人生的目標，然後全力以赴；第四，要勇於創造機會，而不是等待機會；第五，要培養積極樂觀的生活態度，成功不驕傲，失敗不氣餒；第六，要常常自我檢討，不斷改進；第七，要不斷進修與自我充實，這樣才能夠克服自卑感，逐漸邁向卓越。

14 完美主義性格不完美

　　完美主義性格是指，具有凡事追求盡善盡美的性格傾向。因為完美主義的人講求精確完美，所以容易成為各行各業的頂尖高手，譬如成為科學家、醫師、律師、高科技人才，替社會大眾創造許多幸福，例如：電腦科技就是完美主義下的產物，因為必須在完全無塵的環境中生產，硬體的精密度很高、軟體的設計必須實用而縝密。在上述各種完美條件的配合之下，才能創造出各種高科技產品。

　　根據心理學家的研究，許多父母從孩子小時候，就要求孩子學業成績優異、才藝超群出眾，各項能力都要凌駕於他人之上，認為平庸的人是毫無前途的；如果孩子永遠自我要求很嚴格，但是都達不到父母設定的目標，還要受父母責罵，難免會形成完美主義性格，長久下來就容易產生沮喪或憂鬱的情緒。完美主義可以分為以下三種類型：

1. 自我要求很高，不允許犯錯、守規矩、很挑剔、講求細節、追求秩序與整潔、有潔癖，追求完美的動力完全是出於自己，也就是嚴以律己者。講得更白話一點，就是「很龜毛」。
2. 替他人設下高標準，不允許別人的錯誤，也就是嚴以待人者。
3. 滿足重要他人的期望。重要他人包括父母、師長、伴侶等，總覺得自己被期待要無時無刻都非常完美。

　　完美主義的性格不是一天造成的，其行為模式相當頑固，需要尋求諮商心理師或臨床心理師的協助。唯有當個人不再執著，放棄自己的完美理念，真正的完美才有可能發生。

　　如果父母捨棄固執的完美主義，培養出具有競爭力又快樂的孩子，讓孩子朝著自己的潛能去發展，協助孩子找出自己的興趣，當孩子朝自己喜歡的

領域努力學習，就會在這個領域愈來愈完美。反之，如果孩子在父母過高的要求下，雖然學業成就很高，卻一直活得不快樂，這又有什麼好處呢？父母要求孩子完美的結果，容易造成孩子有缺陷的性格，甚至產生精神疾病，這樣值得嗎？

其實人生不完美，才美。轉個想法你會發現：99 分、98 分、97 分或 96 分比 100 分更好！因為 100 分要常常擔心被別人贏過去。如果每一次考試都要拿 100 分，只有自討苦吃。每個人在自己與社會的期盼下，都努力在各方面追求完美，例如：想考上著名高中、就讀著名大學、升大官、發大財、生兒育女、購買名車、購置豪宅、環遊世界、開創大事業、健康長壽。但是，天底下有幾個人能夠達成自己所有的願望？其實寥寥無幾。

如果你考不上著名高中、沒有就讀著名大學、不能生孩子、沒錢買名車、沒錢購置豪宅、沒錢去環遊世界、創不了一番事業，這樣總計也只有八件，人生不如意的事情十常八九，所以八件不如意的事情，都是很正常的。如果達不成目標，也不必責怪自己或別人，只要自己曾經努力過就可以了。因為影響一個人是否能達成自己願望的因素很多，例如：缺乏資金、運氣不好、人際關係不好、沒有人提攜、時機不對，所以不要認為完全是因為自己不夠好。

追求「完美」是一個人追尋快樂的途中最大的障礙，不少人達不到自己的目標時，就變得痛苦不堪，因為他們沒有正確的人生觀。反過來想，已經考上著名高中、就讀著名大學、升大官、發大財、生兒子、買名車、購置豪宅、環遊世界、有大事業的人，就一定快樂或幸福嗎？其實也不一定。

完美主義性格者，容易導致沮喪、焦慮、憤怒、強迫性行為，嚴重者甚至會出現憂鬱症、身心性疾患、飲食失調等問題。具有完美主義性格的人，比較容易出現非理性的想法，例如：「我一定要做得完美，否則會……」、「我必須完美，別人才會接納我、喜歡我」、「如果我犯了錯誤，我就是個失敗者」等。以下提供幾項原則，有助於改善完美主義的性格：

1. 真心地喜歡自己，提高自我價值感。
2. 接納自己，學習與自己的缺點共處。

3. 扭轉負向想法，發展正面理性的思考。

4. 檢視自己追求完美的動力來源。

5. 寬恕自己的錯誤與缺點。

6. 學習各種身心放鬆技術。

　　你想擁有完美的人生嗎？要記得隨時提醒自己，認真努力過就不違背自己的良心，一切聽天由命。其實人生在某一方面得到，就容易在某一方面失去；擁有愈多，負擔愈重，煩惱就愈多，也就愈不能自由自在的過生活。

15 為何十賭九輸？

　　古今中外有許多人都想發財致富，於是認為賭博是翻身的捷徑；其實賭博只是來自人類貪婪的念頭。俗諺說：「十賭九輸」，賭博讓人有輸有贏，但是贏的機率小，輸的機率大。當個人賭贏了，他的賭博行為就得到激勵，認為下一次一定會再贏，於是再下更大的賭注。反之，賭輸了總是認為或許下次就有機會大贏。

　　為什麼有些人會一生沉迷於賭博，甚至導致傾家蕩產？因為喜好賭博的人總認為，下次賭贏了就可以大撈一筆。當他賭贏的時候就很高興，甚至會以為要賺錢是很容易的事，於是就把賭贏的錢再投注進去，於是就很快花光光。反之，如果賭輸了不甘心，認為下次一定會再贏回來，於是再去下賭注，而且賭注愈下愈大，最後就產生惡性循環而無法自拔，例如：有一個人第 1 週花 2,000 元去賭，賭贏 5,000 元，假設第 3 週賭贏 13,000 元，第 7 週賭贏 28,000 元，第 10 週賭贏 500,000 元，這樣就會產生賭博會大賺的信念。但後來他再繼續去賭，連續 32 週都賭輸，於是很不甘心賠了這麼多錢，為了贏回來於是再繼續賭下去，因而導致賭博成癮。簡單來說，如果一個人去賭博第一次就大贏，他最好以後就不再去賭，這樣才是真的賺到了。但是他以後真的不會再去賭了嗎？其實不太可能，因為過去贏錢的經驗永遠存在，只要遇到缺錢的時候就有可能再去賭博。

　　據說有一個人在河邊釣魚，釣了非常多的魚，每釣上一條魚就拿尺量一量。只要比尺大的魚，他都丟回河裡。其他釣客不解地問他：「別人都希望釣到大魚，為什麼你將大魚都丟回河裡呢？」這個人回答：「因為我家的鍋子只有十公分長，太大的魚放不下鍋子。」他不讓無窮的慾念攫取己心——「夠用就好！」如果大家都有這種生活態度，就能活得快樂又自在。

　　從前有一個大富翁，過世之後留下大筆的財產給兒子，沒想到這個兒子

在父親過世之後不到三個月，就因為賭博輸光了父親的全部遺產，還背負鉅大的債款。由此可見，留給孩子良好的品德，比龐大的財產更重要。

　　有一個年輕人家境貧困，所以他有一個夢想，就是大學畢業之後，努力工作存下許多錢，買了車子、房子再結婚，但是薪水微薄，要達到以上目標相當困難，於是想到賭博最有可能立即贏得鉅額金錢，他就把每個月領到的薪水，拿出一半以上去簽六合彩，幾年下來，存款無幾，於是過了40歲仍然沒錢成家，人生的夢想破滅。由此可知，年輕人應將認真工作所賺的錢存下來或作正確的投資，千萬不要心存僥倖，這才是達成人生目標的捷徑。

16　建立良好的自我概念

　　自我概念也是自己對自我的看法。一個人的自我概念,在小學時受老師的影響,國中受同儕影響,通常到了高中或大學階段,才真正有了完整的自我概念。一個人在日常生活中,如果常常受到他人的讚美、褒獎、肯定,就容易產生正面的自我觀念、對自己充滿自信、能自尊與自愛,這種人的潛能容易充分發揮,以後會對他人具有愛心,敬愛他人。反之,個人在生活經驗中,如果時常受到他人責罵、批評、欺負、冷嘲熱諷、輕視、虐待、霸凌等,就容易產生負面的自我觀念,這種人對自己缺乏信心,容易產生自暴自棄心理,對他人具有反抗、仇恨、報復、攻擊的性格。

　　一個人在日常生活中,對自己與環境的關係,長期抱持的固定想法稱為控制信念。心理學家羅特(J. B. Rotter)將控制信念分為內在與外在兩種。內在控制信念的人,相信自己的前途或命運掌握在自己的手中,認為只要自己肯努力打拚就會成功,這種人將失敗歸諸於自己的怠惰或疏忽。由於內在控制信念的人,相信靠自己努力打拚就會成功,認為命運掌握在自己手中,因此比較願意努力奮鬥,所以比較會成功。

　　反之,外在控制信念的人相信自己的成功或失敗,受到機運、命運或他人的控制,因此容易認為自己再怎麼努力也沒有用,例如:學業成績不好的學生,容易認為考試運氣不好,而不會檢討自己是否用功或學習方法是否正確,於是不肯努力奮發向上,所以比較不容易成功。

　　有些人遇到不如意的事情,就認為與自己的名字取得不好有關,於是到戶政事務所申請更改名字,其實效果不大。很多人會這樣想:「我沒有很好的家庭背景、我有不堪回首的往事、別人的條件都比我好,所以我不會成功,我活得沒有意義。」甚至喜歡問:「我的貴人在哪裡?」許多人覺得自己一直沒有貴人來相助,做任何事都不順利,所以才不會成功,因此希望能

有什麼方法，讓貴人早日出現。其實，每個人真正的「貴人」都是自己。大家都知道：「自助、人助而後天助」、「解鈴還需繫鈴人」，如果自己的品德與行為不端正、結交壞朋友、為非作歹，即使有貴人幫助也不一定會成功。所以貴人就是自己，唯有自己先反省自己的行為、學習正確為人處世的態度，才能邁向成功的道路。

　　每一個人出生以後，從幼年時代開始就具有不同的個性，有些兒童溫文儒雅、有人害怕陌生人、有人則很好動。在自己的成長過程中，來自父母的遺傳、父母的教養方式、家人關係、同儕團體、師生關係、學校教育、宗教信仰、生長環境，以及社會文化背景等因素，經長期交互作用之下，逐漸塑造出個人獨特的性格，例如：父親體罰孩子，孩子就容易學習對他人採取暴力行為。

　　自古以來，宿命論者都認為命運是天注定的，也就是主宰命運的權力操之在鬼神或上天之手，以人的力量是不能改變命運的。但是從科學的觀點來看，大部分人的命運是每個人可以掌握，同時也是可以預測的。

　　一般青少年在日常生活中，容易模仿電視明星的動作、髮型、服飾，或以父母、教師、同儕、親戚等作為模仿對象，如果老師或父母能提供優良的楷模讓他們學習，就容易產生見賢思齊的效果。反之，青少年在觀看電視或平面媒體對暴力事件的報導時，很容易學習攻擊暴力行為，可能因此而產生犯罪行為。

　　不少人失敗了就埋怨自己命運不好，到底「命運」是什麼？大體來說，「命」是與生俱來的，自己無法改變的，例如：自己的性別、種族、父母、性向、智力、家世、血型等，都是無法由自己決定的。反之，「運」是自己可以掌控的，例如：要與誰交朋友、跟誰結婚、買什麼股票、要不要買彩券、要行善或偷竊；如果你有一大筆錢，到底要買土地、別墅、店面或公寓？上述這些都是自己可以決定的。但是，做了不同的決定就會產生不同的後果，做了錯誤的決定有可能要付出慘痛的代價。

　　不少人遇到挫折或失敗就怪命運不好，或埋怨老天不公平，其實一個人一生的成敗操之在己。

17 自我實現

　　自我實現是指，個人潛能能夠充分發揮，實現自己的夢想，甚至對人類社會有重大的貢獻。自我實現的人，大都會覺得人生已經達到巔峰，而產生死而無憾的感受。古今中外有許多偉人，他們大都具有以下自我實現的人格特徵：

　　1. 充滿自信心，勇於接受各種挑戰。

　　2. 真心誠意對待他人，有圓融的人際關係。

　　3. 有寬闊的胸襟，能廣納建言。

　　4. 凡事獨立自主，不受外在環境干擾。

　　5. 把握現在，不沉緬於個人過去的榮辱。

　　6. 熱愛人類，尊重生命。

　　7. 有廣闊的生活領域經驗。

　　8. 堅持追求自己的目標與理想。

　　9. 關心人類社會的福祉。

　　10. 做事有大格局與遠見。

　　11. 不放棄任何學習成長的機會。

　　也許有很多人認為，一個自我實現的人，需要有很多財富或有很高的學位，事實上並不是這樣，例如：孫中山先生憑著堅忍不拔的精神和毅力，革命許多次終於成功；美國前總統羅斯福罹患小兒麻痺症，卻憑著其堅強的意志力，終於克服身體上的障礙，成為美國歷史上的偉人。

　　世界上許多名人，例如：林肯、史懷哲、愛因斯坦、貝多芬、甘地等，都是自我實現者。每一個人只能活一輩子，你是否想在一生當中實現自己的夢想？不必怪罪命運不好，應先培養以上的人格特質，自我實現的美夢就能成真。

　　有些人非常聰明、資質優異，但最後卻一敗塗地，可見自我實現與智商沒有必然關係。美國心理學家特曼（L. M. Terman）長期追蹤研究智商 140 以上的天才兒童，發現天才兒童長大之後有些人表現傑出，但是大多數的人和一般人沒什麼差別。為什麼會這樣？因為其潛能沒有充分發揮出來。自我實現的人通常追求人生的價值，當自己覺得人生有價值、有意義，就會把自己的潛能發揮出來。

　　自我實現的人比較會自我反省，我們常聽到的：「一命、二運、三風水、四積陰德、五讀書。」居住環境的風水可以靠自己好好安排，多作好事就能積陰德，認真讀書可以增加自己的知識與能力。所以，一個人的努力與否還是相當重要。不過，「謀事在人，成事在天」，凡事盡力而為，達不到的事情，只好「盡人事，聽天命」。

　　自我實現的人會計畫自己的未來，作計畫時最重要的是要把握時間。上天給每個人的條件各有不同，但上天對人有一項是最平等的，那就是每一個人每天都只有 24 小時，自我實現者會將這 24 小時做有效的安排與運用。

　　「人生不如意事，十常八九」，即使有目標、有計畫，也不見得一定會成功。自我實現的人對於挫敗的經驗大都能自我接受，也都能了解自己雖然不幸，但世界上比我們更不幸的人還有很多。每個人都有很多無奈的遭遇，只有學習如何去坦然接受，才能化阻力為助力，才能逐步達到自己的目標。如果你不懂得坦然接受，就會被天下最大的敵人打垮，而這個敵人就是自己。

　　自我實現者在追求自我的目標以後，做事會全力以赴；對自己覺得有意義、有價值的事情，會盡心盡力把它做得完美。如果做什麼事都馬馬虎虎，就無法達成自己的目標。一個人做任何事情如果能盡心盡力去做，自然就能了解上天賦予他的才能。

　　自我實現的人通常會了解：在人生中可以不斷追求各種目標，但是對人生而言，重要的並不是目標，而是追求目標的過程。如果你所追求的目標，不論是金錢、地位、美貌、權力、名聲，請問達成哪一個目標能永遠擁有？假設你重視的不只是目標，更重視歷程，那麼不管你成功或失敗，都會覺得你的人生相當有意義。

18 利他也是利己

中國俗諺說：「各人自掃門前雪，莫管他人瓦上霜」，但其實「助人為快樂之本」，一般人總是不願意先給別人，認為這樣自己就會吃虧，卻忘了「有捨才有得」。無私的施捨會讓人感動，別人對你的回報不會比較少。為什麼商人做生意總是先請人家到餐廳吃飯？因為被別人請吃飯自己會覺得不好意思，為了回報對方，於是一大筆生意就談成了。

曾經有一個政府機關首長，他參加選舉怎麼能當選？他說：「我爸爸以前當醫師對貧窮人家很有愛心，不但不拿診療費，有時還送給窮人生活費，平常有空還去探訪患者，關心病情有沒有改善，讓患者家屬很感動。」選舉期間他到處去拜票，很多選民說：「我要選那個醫師的兒子。」他說：「我就是醫師的兒子！」他就這樣很輕易當選。俗諺說：「人不為己、天誅地滅」，也就是強調人自私自利的心理。一個人不論有多少才華或多非凡的成就，必然都受過很多人的協助，例如：個人的衣、食、住、行、育、樂，絕大部分都是要靠別人的幫忙；又如：諾貝爾得獎者、金鐘獎得獎者，都承認自己的得獎要感謝很多人的功勞。

一般來說，比較理想的性格是：「喜歡幫助別人，不自私自利」。許多人希望自己住的房子愈大愈好，也許全家只有三個人，住屋面積好幾百坪，這樣就能平安嗎？其實這樣除了滿足自己的虛榮心之外，又有何意義？不少人認為自己如果擁有許多金錢，就可以解決一切問題，事實上並不是這樣。過去國內外有許多中樂透頭獎的人，不到十年就花光鉅額的獎金，甚至到後來，因為酗酒、賭博、離婚、負債累累而自殺身亡。

金錢不是萬能，但沒錢萬萬不能。可是，為什麼許多有錢的人不一定快樂？因為一個人不論再怎麼富有，也不可能賺得全世界，即使賺得全世界，卻不滿足又能怎樣？因為人的慾望是永無止境的。有些人雖然富可敵國，可

是內心裡仍然很空虛貧窮，這種人對貧窮人一毛不拔，自己過著極端儉樸的生活，希望留許多財富給下一代。

其實金錢夠用就好，只有知足才能夠常樂，社會上仍有許許多多的人生活在極端貧困當中，如果自己有多餘的金錢去幫助他們，豈不是功德一件？幫助別人表面上看來是損失，其實幫助別人就是幫助自己，因為這是獲得快樂的源頭。

據說從前有一位中年人，他的小孩就讀國小五年級，有一天小孩回家比較晚，於是到學校去接小孩，途中看見一群孩子在池塘裡戲水，突然聽到小朋友喊救命，他本來想下去救溺水的小孩，但是心想這不是自己的小孩，所以不去救他；到學校後卻一直找不到自己的小孩，回家之後才知道這位溺水死亡的孩子就是他的寶貝兒子，可是後悔已經來不及了。

19 做好情緒管理

　　情緒是指，個人在受到某種刺激之後，所產生的心理狀態。如果一個人沒有做好情緒管理，有可能釀成大禍，例如：有一位司機為趕時間，於是猛按喇叭，前面駕駛員下車理論，後面那一位司機破口大罵三字經，沒有想到前面駕駛員是一位黑道大哥，當場舉槍射殺他。如果有一個員工，主管要他完成一件事，這位員工跟主管說：「您為什麼不找別人做呢？」甚至對主管發脾氣，表現出相當不愉快的表情，這個員工以後就很難晉升或被提拔。

　　美國哈佛大學高曼（Goleman）教授提出情緒商數（emotional quotient，簡稱為 EQ），這是指個人情緒成熟的程度。他認為許多學生雖然在校成績非常優異，可是情緒管理不佳，EQ 很低，這些人畢業後的成就就很平凡。

　　很顯然的，在競爭劇烈的現代社會中，個人的 IQ 不是成功的唯一條件。許多事業成功的人，他的 IQ 不怎麼高，但是 EQ 卻很高。一般父母重視子女在學校的學業表現，可是對於子女的教養方式，卻忽略 EQ 的培養，以致子女未來的事業成就很平凡。EQ 高的人，至少具有以下特徵：

　　1. 能察覺個人的情緒，分辨內心的情緒感受。

　　2. 善於察覺他人的情緒，了解他人的內心感受。

　　3. 能適當表達自己的情緒。

　　4. 面對他人情緒，能夠妥善因應。

　　5. 善於管控自己的情緒衝動。

　　6. 能使用策略調整自己的意念，維持正向情緒。

　　7. 能以正面的態度激勵自己，積極面對各種挑戰。

　　8. 能反省個人情緒經驗，進而自我成長。

EQ 低的人，具有以下特徵：

1. 容易感情用事、煩躁。

2. 容易自暴自棄。

3. 容易發怒或情緒失控。

4. 人際關係不良，獨來獨往。

5. 容易自卑或自大。

6. 過度悲觀、沮喪、退縮。

7. 不能與人合作。

8. 不善於與人溝通，不尊重他人。

9. 意志力薄弱，做事常半途而廢。

10. 墨守成規。

EQ 的培養應從家庭教育做起，父母應讓兒童有愉快的童年，對小孩有愛心、耐心，教養子女對人有情、有義，建立良好的人群關係，養成高度的挫折容忍力。學校與社會教育方面，應重視培養個人學習克制慾望與衝動，以及紓解憤怒的方法，使個人能維護自己的權益又不必訴諸暴力，成為一個受歡迎的人。

一個人在強烈的情緒狀態之下，容易變得很主觀、思考不夠周延、喪失理性，甚至表現凶殘的行為。歷年來，有許多自殺、殺人、虐待兒童、謀殺、縱火、家庭暴力、性侵害等案件，大都與當事人情緒失去控制有關，因此每個人都應做好情緒管理，才不會犯下大錯。

每一個人都有情緒，情緒可以使人生過得多采多姿。但是，情緒也可以使人生黯淡、使人抑鬱寡歡。情緒會影響個人的生理反應與身體健康，尤其是激動的情緒容易使人的思考失去理性，行為失去控制，因而導致不堪想像的後果。反之，如果情緒表達得宜，就可以建立良好的人際關係。一個人如何做好情緒管理，成為情緒成熟的人？以下幾點可以參考：

1. 了解激發情緒的刺激。

2. 避免對不愉快的刺激作過度反應。

3. 對不愉快的刺激作正向思考。

4. 做好情緒適當發洩，避免人身攻擊。

5. 從事運動或有趣而且忙碌的工作，以消耗過多的情緒能量。

6. 將過多的情緒能量加以昇華，使緊張的情緒得到舒緩。

7. 在激起情緒之前，講一些幽默的話，以化解緊張的情緒。

20 成功者的人格特質

　　每一個人都希望自己能夠成功,很多人以為成功是遺傳的、天生的,或是運氣好,其實不然。根據心理學者的研究,一個人如果具有以下人格特質,就比較容易有成功的機會,也會比較有快樂幸福的人生:

　　1. 有健康的身、心、靈。

　　2. 有豐富的專業知識。

　　3. 有良好的人際關係與溝通技巧。

　　4. 誠信待人與關懷他人。

　　5. 情緒穩定。

　　6. 做事有高度的企圖心。

　　7. 有強烈成功的渴望。

　　8. 具有組織與領導能力。

　　9. 專注於工作。

　10. 善於與人合作。

　11. 能獨立思考與創新。

　12. 做事有充分準備。

　13. 做事用心、耐心與自信心,失敗不灰心。

　14. 具有國際視野。

　15. 樂觀積極進取。

　16. 具有自我反省能力。

　17. 善盡社會責任。

　18. 能把握機會、果斷與正確做決定。

　19. 有高度憂患意識與處理危機的能力。

　20. 終生學習,隨時吸收新知識。

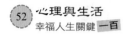

愛情與婚姻篇

21 什麼是愛情？

　　人與人之間的相互吸引，經友誼而產生愛情，愛情使得人生充滿色彩，許多人可以為愛情而犧牲一切，可見愛情的力量有多大。心理學家佛洛姆（E. Fromm）認為：「愛就是給予和接受」，也就是說愛是雙向的，愛不是占有對方。男女之間的愛，包括願意了解與認識對方、以實際行動關心對方、接納與尊重對方、對自己的行為負責，而且要有「我愛不到你，但我祝福你」的胸襟和雅量。

　　「愛」是無價的，愛要包容對方的優缺點，愛一個人必須與對方同甘共苦，承擔對方的壓力與痛苦，甚至關愛對方一輩子，愛一個人應只管付出，不問收穫。古今中外對愛敘述最透澈的，莫過於記載在《聖經》哥林多前書第十三章第四到第八節：「愛是恆久忍耐又有恩慈，愛是不嫉妒，愛是不自誇，不張狂，不作害羞的事，不求自己的益處，不輕易發怒，不計算人的惡，不喜歡不義，只喜歡真理。凡事包容，凡事相信，凡事盼望，凡事忍耐，愛是永不止息。」

　　耶魯大學史登柏格教授（R. J. Sternberg）於 1988 年提出愛情三角理論，他將愛情分為熱情、親密及承諾等三個層面，每一個層面可以分為有（＋）或無（－），這樣就可以組合成八種愛情類型。只有激情的愛情是不能持久的，唯有激情、親密和承諾三者兼備，而且合而為一，才是完美的愛情。

　　男女雙方如果只有激情、親密，而不願意履行愛的責任，這是浪漫式愛情；如果只有激情，缺乏親密與承諾，這是迷戀式愛情；如果只有親密，沒有激情與承諾，這是友誼式愛情；如果只有承諾，沒有激情與親密，這是空虛式愛情；如果沒有親密關係，但是有激情與承諾，這是愚昧式愛情；如果沒有激情關係，但是有親密與承諾，這是伴侶式愛情。如果你正在戀愛，打算將來要與對方組織家庭，應先檢視自己與對方的愛情，是否激情、親密和

承諾都同時存在，否則愛情將無法穩固，將來即使結婚也很難永結同心，更不用談白頭偕老。

此外，李（J. Lee）提出愛情色彩理論，主張愛情分為：友誼之愛、遊戲之愛、浪漫之愛、占有之愛、利他之愛，以及現實之愛。愛情與童年生活經驗有關，一個人在童年時期與父母的生活經驗，產生以下三類性格：

1. **安全依附型**：安全依附型者在長大成人以後，容易與人親近，建立友誼與愛情，信任自己的伴侶，彼此擁有持續長久的愛情，婚姻生活大都幸福美滿。

2. **焦慮矛盾型**：焦慮矛盾型者一方面想跟人親近，另一方面又擔心別人不是真心愛他，在愛情方面充滿焦慮、愛、恨、嫉妒等矛盾心理。

3. **逃避依附型**：逃避依附型者害怕與人親近，擔心受到他人傷害，不能完全信任對方，很難與他人建立親密關係及愛情。

由上述可知，讓兒童在充滿安全感的環境中成長，有利於他們未來的愛情生活，以及未來婚姻的幸福美滿。反之，如果父母經常吵架，家庭充滿緊張氣氛，或父母分居、離婚，這樣難免會影響孩子未來的愛情與婚姻。

22 如何選擇結婚對象？

　　俗諺說：「男大當婚，女大當嫁」，結婚是離開父母及原生家庭，而另外組成一個新家庭的歷程。從前的農業社會，許多人的婚姻都是透過媒人介紹，比較沒有自由選擇的機會，而現代社會中，年輕人則以自由戀愛居多。但是自由戀愛的夫妻一定比較幸福嗎？離婚率會比較低嗎？其實未必。許多未婚男性一心一意想要追求夢中情人，希望追求成功進而成為終生伴侶，那麼在過程中，除了交往技巧很重要之外，首先應提升自己的水準，例如：提高自己的學位、收入、品格、社會經濟地位。試想，如果你只有國中畢業，想跟一個博士結婚，成功的機會大嗎？如果你有碩士或博士學位，想跟一個博士結婚，這樣成功的機會就會增加許多。當自己的水準提高之後，就對相同或相似水準的異性，比較具有吸引力。

　　如果你想要找到合適的結婚對象，不論你是男性或女性，平時就要多參與各種社會團體活動，例如：同學會、校友會、同鄉會、教會團契、青年會、系友會等，從參與活動中認識一些異性朋友，然後逐一了解每個人的教育程度、個性、性向、興趣、嗜好、家庭背景、宗教信仰、健康情形、身高、體重、年齡、黨籍、種族、籍貫、健康情形、價值觀等；並且這個時候跟每個人只當作一般朋友，還不要立即深交，凡是覺得合適的就保留，差異大的就加以排除，逐漸縮小範圍之後再進一步彼此互相認識，最後選擇一位自己認為在各方面都最適合的對象。

　　如果你想要找到合適的結婚對象，可以採取「養魚策略」。這就好比平常飼養許多條魚，等到要吃魚的時候，再從中選擇一條最大的魚。如果沒有經過比較就一見鍾情，較容易產生終身的遺憾。當你找到一位自認為最合適的對象，人家並不一定喜歡你，因為感情是要彼此相互喜悅、要相互尊重、情投意合才是適配，千萬不可強求。此外，一個人的外貌會隨著時間改變，

內在美才能夠持久，所以挑選對象不要只考慮對方的外貌。

　　若要想知道正在交往的異性是否是理想的對象，平時就需要多去接觸，如果只認識幾個月就要跟對方結婚，這樣的風險是很大的。一般人在與異性交往初期，容易掩飾自己的缺點，平時不露出馬腳，長期交往之後才能日久見人心。那麼到底要認識多久才好？如果認識三年才見過兩次面，雖然時間不算短，但是見面次數很少，也只是了解個皮毛而已。一般來說，在沒有充分認識之前就倉促決定結婚，等到結婚之後發現不合適而想離婚，就為時已晚，畢竟婚姻不是兒戲，所以必須慎重選擇。

　　如果你平時不喜歡參與各種活動，只想靠他人介紹結婚對象，這樣認識異性朋友的機會就自然減少很多。因為介紹者對於被介紹的人，在智力、個性、態度、價值觀、興趣、嗜好、黨籍、家庭背景、宗教信仰、健康情形等方面，並非都清楚地了解。介紹人大都只憑其個人的直覺，認為雙方的身高、體重、學歷、年齡、種族等合適，就加以介紹。至於男女雙方的個性、價值觀、興趣、嗜好，都是需要長期接觸才能夠深入了解的。當然，也不是說媒人介紹就一定不好，但只能把它當作多認識朋友、增加機會的管道之一，最重要的還是要靠自己。

　　按照一般民間傳統習俗觀念，結婚年齡男要大於女，而且差三歲或六歲就被認為不吉祥。目前社會上有許多30歲以上的女性還沒有結婚，其中一個因素，就是未婚男性不喜歡與比自己年齡大的女性結婚。到底結婚對象的男女，年齡相差幾歲才好？先生的年齡大於太太幾歲不行？其實，幸福婚姻最重要的因素，是夫妻兩個人價值觀相近，能互敬、互愛、互相體諒，相互扶持過一生。男性年齡大於女性或女性大於男性，只要不要差太多就好。

　　台灣俗諺說：「取某大姊，坐金交椅」，也就是說，娶了一個年紀大的女孩子，可以事事依靠她，就好像娶了一位保母一樣，可以高枕無憂，因為女性的早熟，她必將成為家庭的支柱，讓老公可以不必為家務操煩。不過，男性也不必刻意找比自己年齡大的女性，事實上婚姻幸福最重要的條件，不是年齡差異的大小，而是彼此談話能投契，有共同的信念，以維持美滿的婚姻。

　　大體來說，台灣地區女性的平均壽命，大約比男性多活 6 年以上，如果先生的年齡比太太大 4 歲，將來太太至少要守寡 10 年以上。如果太太年老、丈夫死亡後，兒女不孝順或沒有兒女，則將可能度日如年。由此可見，結婚對象只要雙方年齡不要差太大就好。

台灣男女平均壽命比較表

性別	2009 年	2005 年	2004 年	1995 年	1985 年
男	75.9	73.7	73.6	71.8	70.8
女	82.5	79.8	79.4	77.7	75.8

資料來源：行政院主計處

23 門當戶對的重要性

　　大家都知道，任何成功都無法彌補家庭的失敗，有些年輕貌美的女性嫁入豪門，後來以離婚收場，為何會這樣？其中一個因素是與雙方家庭背景差異太大有關。一個幸福美滿的家庭，必須以成功的婚姻為基礎。夫妻在結婚之前，要找到跟自己條件完全相同或相似的對象，並不容易。其實，夫妻相處最重要的是雙方價值觀相近，但是每個人從小都是生長在不同的家庭，思想觀念與生活習慣自然不同，夫妻難免會有價值觀念上的差異、對事情的看法不同，而造成談話不容易投機，嚴重者容易吵架，甚至鬧離婚。

　　夫妻的家庭背景愈相似愈好，因為有相同或相似的家庭背景，從小的生活方式、思想觀念比較接近。反之，家庭背景相差很大，婚後就不容易調適。此外，夫妻的家庭背景如相差太遠，也容易出現雙方家長互相適應的困難，因為結婚是兩個家庭的事情，所以不能只考慮夫妻兩個人的條件而已。

　　例如：夫妻的某一方出生在貧苦的家庭，他可能一輩子為了賺錢而冷落了另一半或小孩，即使賺了全世界，心裡還是感覺貧窮，若另一半出生於富裕人家，無法理解，即可能造成埋怨與不悅。反之，原生家庭富有的一方，亦可能抱怨另一半不懂生活情趣，或其家庭太窮，而價值觀格格不入，成為日後衝突或離婚的導火線。

　　一個人如果在選擇結婚對象的時候，能夠考慮到門當戶對、雙方家庭背景相近，父母的教育程度、宗教信仰相同，年齡、種族、價值觀等都相近，這樣結為夫妻之後，思想觀念比較接近，談話比較容易投機，也容易永結同心、同甘共苦，將來離婚的機率就會比較低。

　　不少年輕人在選擇結婚對象的時候，只重視對方外貌是否美麗、英俊瀟灑，或經濟條件好不好、學位高不高，是否畢業於名校，而忽略對方的家庭背景、個性、興趣、嗜好、宗教信仰、生活習慣、價值觀是否相近，結婚之

後就很容易為了一些事情而引起爭吵，嚴重者就容易走上分居或離婚的道路，例如：有一對夫妻，太太娘家很有錢，先生家庭貧窮，有一次吵架太太生氣說：「我們家的廁所，都比你家的客廳漂亮。」丈夫聽了這句話自尊心受到創傷，後來就成為離婚的導火線。

　　由上述可知，選擇結婚對象最好不要心存幻想，也不要有自卑感，但是也不必高攀對方，以免將來結婚後適應困難，甚至造成家庭悲劇。

24 離婚不可避免嗎？

　　大部分的人都不會把自己的婚姻當兒戲，在結婚之前與對方多次交往，經過再三思考才決定是否要跟對方結婚，最後決定結婚共渡一生。可是後來為什麼又要離婚呢？夫妻離婚之後就能解決問題嗎？如果有了小孩之後離婚，孩子跟父親生活在一起就失去母愛，跟母親生活在一起就失去父愛，這樣對孩子的個性發展勢必產生很不利的影響，那麼又何必當初？何況離婚之後，要找到再婚的理想異性，是相當不容易的。

　　根據內政部發布的統計資料，2009 年台灣地區登記離婚的夫妻有 57,223 對，相當於每天有 157 對夫妻離婚，離婚率之高，居亞洲之冠！離婚率的原因很多，通常以個性不合者居多，其餘依序為婆媳問題、經濟問題、外遇問題、溝通問題。個性為什麼會不合？一個人的個性與其從小到大的生長環境、父母管教的方式、學校教育、宗教信仰等，都有密切的關係。

　　如果夫妻在結婚之前，對彼此有充分認識，而且選擇家庭背景相近、宗教信仰、教育程度、年齡、黨籍、個性、嗜好、價值觀、生活習慣等方面都很相似的異性，則婚後發生衝突的機率就會減少，離婚的機會自然不容易發生。如果婆婆把媳婦當傳家寶，媳婦把婆婆當作自己的母親來對待，這樣就不容易產生婆媳問題；而經濟問題可以透過溝通、取得共識來解決；至於外遇問題的影響因素比較複雜，不過夫妻雙方都有責任，如果夫妻都願意扮演好自己的角色，處處為對方設想，存著感恩惜福的心，外遇問題應可迎刃而解。

　　夫妻發生衝突雖然很難避免，但是為了孩子的生涯發展，應設法溝通、彼此忍讓，各退一步海闊天空，盡量去想想對方的優點，恢復婚前彼此的恩愛，不要經常把離婚掛在嘴邊，以免弄假成真，這樣就可以讓離婚的念頭消失於無形。如果對方的缺點你實在無法容忍，最好應先找婚姻諮商師協助，也許還有轉圜的餘地。

　　日本人因為國民所得大約為台灣的三倍，所以大部分的媽媽都在家裡照顧小孩，不必外出工作，導致離婚率與犯罪率都比台灣低很多。台灣大多數家庭是雙薪家庭，夫妻下班之後幾乎面對著電視，有線電視頻道有一百多台可以選擇，無形中剝奪了夫妻溝通的時間，這也間接成為離婚的原因。如果改聽廣播，或許就可以增加夫妻溝通的機會，也可以減少離婚的發生。

　　許多夫妻即使沒有外遇或婆媳問題，有時為了芝麻小事也會鬧到離婚，例如：有一對夫妻，先生支持國民黨的候選人，太太支持民進黨的候選人，兩人常為了政黨取向不同而吵架。其實家庭的和諧，比選哪一個政黨的候選人還重要。又如：夫妻兩人從小沒有洗過碗，結婚之後兩個人都認為：「你為什麼不做？為什麼是我做？」、「你上班，我也上班啊！」另外，有些家庭暴力案件，多半是兩人爭吵氣氛不斷升高，其中一方還不斷火上加油，這些案例的問題都只是小事，但當事人卻覺得嚴重到需要離婚，可見問題並不是事件本身，而是溝通不良所引起的。

　　夫妻在離婚或分居之前，通常都有經過爭吵，甚至打架的不愉快經驗，小孩子在充滿緊張的家庭氣氛中，對將來自己的婚姻容易產生恐懼，因而產生不想結婚的念頭。將來結婚之後在對待配偶的態度，也較容易採取自己父母的相處方式，遇到不愉快的事情，不懂好好溝通，而是以爭吵、冷戰、充滿懷恨對方的心理來相對待，這樣一來就很容易步上父母離異的後塵。因此，夫妻之間的和睦相處，是有利於孩子將來有個幸福美滿的婚姻與家庭。夫妻吵架，就算你贏了真理，卻輸了感情，那又如何？

　　夫妻如何和睦相處？坊間流行的「莫生氣」，也是夫妻相處的要領：

> 人生就像一場戲，因為有緣才相聚。
> 相扶到老不容易，是否更該去珍惜。
> 為了小事發脾氣，回頭想想又何必。
> 別人生氣我不氣，氣出病來無人替。
> 我若氣死隨如意，況且傷神又費力。
> 鄰居朋友不要比，兒孫瑣事由他去。
> 吃苦享樂在一起，神仙羨慕好伴侶。

25 生幾個孩子才好？

　　少子化是目前台灣很重要的議題，因為人口減少就會影響學校教育與勞動力，將來變成老人國，進而影響國家整體經濟發展。台灣為什麼會產生少子化的問題？我想年輕人擔心養育子女造成家庭經濟負擔是主因，其實讓孩子吃苦不見得是壞事，因為在貧困家庭長大的孩子，容易養成刻苦耐勞的精神。現代的孩子幾乎從小就沒有吃過苦，稍微遇到挫折就容易退縮，所以能刻苦奮發向上、不畏艱難的孩子愈來愈少。

　　筆者的兄弟姊妹共有十人，在第二次世界大戰之前，家境非常貧窮，三個哥哥和一個姊姊因生病沒錢醫治而過世，父親以務農維生，把其餘六個孩子拉拔長大。筆者在求學期間從來沒錢補習、沒錢買參考書，小時候沒有日光燈、沒有電視或收音機，浴室沒有淋浴設備，廚房沒有瓦斯設備，上廁所沒有衛生紙，洗手間沒有馬桶，糞坑裡的蟲到處爬，屋子沒有紗窗，蚊子、蒼蠅到處可見，洗頭沒有洗髮精，夏天溫度高沒有電風扇，要喝水必須到古井打水，用扁擔扛水桶回家，然後燒甘蔗葉來煮開水。

　　筆者沒上過幼兒園，小學六年都打赤腳上學，冬天寒流來襲沒有夾克可以穿，凍得鼻涕直流。初中時期每天騎腳踏車上學，一趟路大約 6.5 公里，遇到下雨天泥濘滿地，只能穿著雨衣把球鞋綁在把手，扛著腳踏車、書包（裡面有幾本教科書和便當）慢慢往前行。

　　每年寒暑假就下田工作，當時農業沒有機械化，一切工作都靠勞力，包括：犁田、整地、插秧、除草、噴灑農藥、挑豬糞到田裡當肥料、踩踏水車引水入田等，一切農事都要去做。夏天在田裡工作時常遇到西北雨，烏雲密布閃電交加，全身衣服都濕透了，還要繼續耕種一整天。大學畢業沒錢出國念書，求學期間沒錢看電影，還兼好幾個家教，領取獎學金寄回家，一切都得靠自己努力打拚，可見錢多少並不是問題。以前政府提倡一個家庭生兩個

孩子恰恰好，於是很多父母配合政府政策只生兩個孩子。但到底生幾個孩子比較好？其實，沒有標準答案。根據筆者粗淺的看法，生三個孩子比較好，三個人就構成一個小團體，彼此可以相互支援，這樣就好像三股合成的繩子，比較不容易被折斷！如果身心健康、家庭經濟許可的話，生三個孩子比較好。加上，三個小孩萬一有一個不幸夭折，還有兩個孩子，如果只生一個小孩，萬一不幸過世就沒有孩子了。

　　台灣的軍公教人員每個月都有固定的收入，養三個孩子家庭經濟還不至於負荷過重。三個小孩加上父母五個人，一部小轎車剛好坐得下，全家出遊相當方便；多生幾個孩子也可以節稅。此外，父母年老萬一生了重病，三個孩子可以輪流來照顧，壓力不至於太大；如果只有一個或兩個孩子，無法輪流來照顧，就需要聘請看護，這樣生重病的父母，一定會感到很無奈。

　　當然，沒有經濟壓力的父母，可以考慮多生幾個孩子，這樣也符合多子多孫多福氣的社會傳統觀念。至於經濟上有困難的夫妻，政府應設法幫助他們。在目前少子化的社會，對經濟發展有不利的影響，如果要生三個小孩而有經濟上的困難，政府應訂定獎勵措施。

　　此外，企業公司也可以鼓勵員工生育，例如：有一家企業公司訂有高額的「員工生育獎金」，據說有位女性員工生了三胞胎，一口氣就獲得公司42萬元的補助，這麼好的福利，開了國內企業鼓勵員工生育的先例，其他公司也可以考慮跟進。

26 婆媳相處之道

　　以前在華人的農業社會裡，婆婆虐待媳婦的事情時有所聞，嚴重者因而導致媳婦離婚或自殺，所以不少年輕女性希望結婚之後，不要跟公婆住在一起，或希望嫁給沒有媽媽的男生。許多當婆婆的人，過去大都有婆媳問題，如果因為自己當媳婦的時候婆婆虐待過妳，妳當了婆婆之後就想虐待媳婦，這是個非常錯誤的觀念，這樣也會一直惡性循環下去。

　　婆媳之間是一種沒有血緣的特殊關係，媳婦孝順婆婆是應盡的義務，生活中對婆婆多一些關心、多一些情感的交流，假日抽一些時間陪伴婆婆、特殊節日送上禮物，凡事尊重老人家，不要挑戰老人家的傳統觀念，只要她高興就好。如果有一個對自己這麼貼心的媳婦，我相信婆婆必能感受到，也會感動，並且以誠意相對待。

　　有些婆婆想虐待媳婦，有可能出自於無知或潛在意識報復自己婆婆的心理作祟。婆婆與媳婦生長在不同家庭、不同的世代，生活習慣與思想觀念必然不同。婆婆虐待媳婦，當兒子的心裡自然也不好受，在這種充滿緊張氣氛的家庭裡，兒子與媳婦難免發生嚴重衝突，甚至鬧離婚。媳婦心情不好有可能把孩子當出氣筒，甚至虐待兒女，到時候萬一婆婆的孫子出了問題，當婆婆的人會好過嗎？所以婆婆應該敞開心胸接納媳婦，把媳婦當作自己女兒看待，讓媳婦心情愉快，這樣媳婦比較能夠生下健康的孩子，也比較有好心情照顧孩子，婆婆也會有健康可愛的孫子，所以媳婦就是你的傳家寶。

　　為了減少婆媳衝突，結婚後媳婦與公婆居住在附近比較好，例如：住在同一棟樓的不同樓層、同一層樓的對門或鄰居。婆媳不住在一起可以減少彼此的衝突與磨擦，但住得近則可以就近相互照料。因為年輕人的生活習慣、作息時間、思想觀念與長輩不同。先生應扮演婆媳之間溝通協調的角色，不但可以減少婆媳之間的衝突，而且可以增進婆媳之間的感情，使家庭充滿和

樂的氣氛，例如：先生在媽媽面前要說太太的好話，在太太面前要幫媽媽說些好話。

　　婆婆要以對待自己女兒一樣的心情去疼惜媳婦，要了解媳婦是傳家寶；媳婦也要把婆婆當作是自己的媽媽，這樣可以減少婆媳之間的紛爭。如果婆媳經常發生嚴重衝突，家庭變成戰場一樣，先生變成夾心餅乾裡外不是人，家庭充滿緊張氣氛，更無法得到家庭的和樂與寧靜，婚姻自然就會亮起紅燈。

子女教養篇

27 胎教

　　大多數人認為，胎教可以教養出健康的寶寶。一個人生命的開始，來自父親的精子與母親的卵子結合成為受精卵，再由受精卵發展成完整的個人。母親在懷孕期間，胎兒的發展與母親的身心狀況息息相關。受精卵在母親子宮懷孕之後，產前發展可分為以下三個階段：

1. **胚芽期**：胚芽期是懷孕後的前二週，這時受精卵在 36 小時以內，細胞極快速分裂，由單一細胞分裂成許多細胞，這些細胞經由輸卵管游移到子宮，大約第 7 天著床在子宮壁上，形成胎盤。孕婦由飲食所得到的養分與氧氣，經由胎盤供應胎兒成長，胎兒的排泄物也經由胎盤排出體外。在胚芽期時，孕婦通常尚未察覺到已經懷孕了。

2. **胚胎期**：胚胎期是從第 2 週開始到第 8 週，這時身體各部位器官的雛型逐漸形成，開始長出肌肉、骨骼、心臟、脊椎、大腦等。大約第 3 週就有心跳，由胚胎可以明顯分辨手臂、手指頭、臉、眼睛、腸、腿、腳趾、胎盤、臍帶，以及耳朵。這個時期假如胚胎受到任何傷害，就可能導致流產或造成出生以後身體上的缺陷。

3. **胎兒期**：胎兒期是從第 9 週開始到出生，這個時期身體各部位器官持續成長，前兩個月骨骼與肌肉快速發展，第三個月則成長性器官、手指頭、腳趾頭，以及眼簾等。此後，大腦細胞快速成長，消化系統與呼吸系統日漸成熟，這個時期胎兒逐漸成為獨立的個人。在懷孕第 16 至 18 週，孕婦就能感受到胎兒的活動。

　　如果胎兒發展順利，大約懷孕 9.5 個月，新生兒就誕生了。但是，如果胎兒發展不順利，可能導致流產或懷孕不滿 30 週就早產，早產兒器官發育不完全，體重太輕，需要接受特別的醫療照護，否則容易生病甚至死亡，即使

存活下來也容易造成身心發展遲緩的問題，將來需接受早期療育。影響胎兒身體發展的不利因素如下：

1. 孕婦使用藥物不當
    (1)孕婦如果吸菸、喝酒都會傳至胎盤，胎兒吸收之後就容易造成早產、流產、難產，產生動作技巧或學習障礙，並導致胎兒出生後身心發展遲緩。
    (2)胎兒的父親如果吸菸、酗酒，容易傷害精子細胞，造成太太不孕症或傷害其子女的身心發展。
    (3)孕婦服用沙利竇邁（thalidomide）鎮靜劑，生下的嬰兒大都四肢殘缺不全。
    (4)孕婦使用安非他命、速賜康、嗎啡、海洛因、麻醉藥、性荷爾蒙、阿斯匹靈、安眠藥等，如果使用過量都會傷害胎兒的發展，嚴重者甚至造成胎兒身體殘缺或死亡。

2. 孕婦營養不良
    (1)孕婦營養不良容易造成胎兒神經系統的發育不全，甚至導致難產。
    (2)孕婦懷孕期間營養不良，會降低胎兒出生之後的免疫力。
    (3)孕婦營養不良容易造成幼兒感染各種疾病，同時形成冷漠、過敏、易怒等現象。
    (4)孕婦營養不良所生下來的小孩，其身高、體重大多不正常，其他各方面的發展也會比較差。

3. 孕婦生病
    (1)孕婦在懷孕期間，感染德國麻疹、日本腦炎、梅毒、霍亂、天花、腮腺炎、疱疹等疾病，都會傷害胎兒的發展，其中感染德國麻疹或疱疹，容易導致胎兒耳聾或心臟功能缺陷。
    (2)孕婦懷孕期間罹患愛滋病（AIDS），胎兒的死亡率很高。
    (3)孕婦如果接受過量的輻射線，長期照射 X 光，容易傷害胎兒的智力發展。
    (4)孕婦如果長期接觸有毒的化學物質（例如：多氯聯苯、甲苯等），

對胎兒的神經系統與身體發展都會有不良影響。

⑸孕婦應定期接受婦產科醫師的健康檢查和指導,不可隨意服用成藥,同時接受良好的醫療,有助於降低早產與嬰兒的死亡率。

⑹孕婦如涉足危險之公共場所、劇烈運動、睡眠不足或情緒過度緊張,將傷害胎兒的發展。

胎教可以隨時隨地進行,不必為了進行胎教而進行胎教。胎教最好把握以下幾項原則:

1. 排除遺傳及環境的危險性。

2. 孕婦可以看畫展、聽古典音樂、禱告、休閒活動、散步、冥想等方式,促進腦內芬(endorphin),以避免過大壓力引起流血或早產。

3. 孕婦要營養均衡,避免營養不良影響胎兒的發育,例如:孕婦吃得太鹹容易引發高血壓,吃得太胖容易引發糖尿病。

4. 孕婦穿寬鬆而且保暖的衣服。

5. 避免在吵雜、髒亂的惡劣環境下工作。

6. 不宜每天走遠路、坐車長途旅行或做很多工作。

7. 懷孕五個月之後胎兒就可以聽到聲音,孕婦可以唱兒歌或講故事給胎兒聽。

8. 孕婦要隨時保持心情穩定。

28 影響孩子智力的因素

　　許多父母都希望孩子很聰明，但是為何不能如願？一個人的智力受到許多因素的影響，早期心理學家大都認為：智力是經由遺傳而來的。後來，歷經許多心理學者的研究發現，智力不只是受遺傳的影響，成長環境也會影響智力。

　　俗語說：「龍生龍，鳳生鳳，老鼠生的兒子會打洞」，這句話說明了遺傳的重要性。特曼（L. M. Terman）曾追蹤研究 1,528 名智商在 140 以上的父母，結果發現其子女平均智商為 127.7，子女智商在 150 以上的機率為正常人的 2 至 8 倍，這個結果證明遺傳的確對智商扮演重要的角色。

　　有關遺傳對智力的影響，心理學者研究孿生（同卵雙胞胎）子女以及領養子女，探討其智力的差異情形，孿生子女遺傳因子的相似性大於領養子女。研究結果顯示：血緣很相近的孿生孩子，即使在不同的家庭長大（環境一樣），其智商仍然很相似，也就是說，遺傳對智力有很大的影響。他們同時研究一些被收養的子女，在被收養一段時間之後接受智力測驗，這些養子女的生活環境相同、遺傳因子不同，結果顯示養子女的智商仍然差異很大，也就是遺傳對智力的影響力大於環境。

　　雖然遺傳是天生的比較不容易改變，但是後天的生活環境還是扮演重要的角色。一般來說，在不良生活環境中長大的小孩，其智商比較低；反之，如果給予良好的生長與學習環境，孩子的智商就會比較高。孩子生長在父母有愛、感情和睦的家庭，而且父母參與小孩的各種學習活動、提供足夠的益智玩具或學習器材，父母也勤於追求新知，同時鼓勵孩子用功讀書，當小孩成績進步時，就給予適當的獎勵；父母關心子女的飲食與健康等情形，上述因素都有助於提升小孩的智力。

　　幼兒如果缺乏五官的感覺刺激，父母又缺乏與幼兒溝通，都不利於幼兒

智力的發展。曾有個小孩，其父母皆是啞巴，到了上小學的年齡，這孩子還不會講話，這種情境對其思考能力，造成極大的傷害。有一些學者主張零歲教育或胎教，宣稱可以提高小孩的智力，但是這些說法到目前為止尚無科學根據。

美國在 1965 年實施提早就學方案，提供低收入家庭、弱勢族群或文化不利地區的兒童，及早接受幼兒教育的機會，該補償教育方案重視語言學習、閱讀技巧、數學學習和學習態度的培養，實施效果獲得相當大的肯定。這種補償教育方案強調早期教育的重要性，也就是說讓這些孩子提早受到良好的教育，以降低太晚接受教育的代價，並打破貧窮家庭處於低社會階層世代傳遞的惡性循環。

大體來說，有良好的智商遺傳基因，又有良好的生長環境者，其智商最高；有良好的智商遺傳基因，但是生長在不良環境者，其智商屬於中上；有不良的智商遺傳基因，但是有良好的生長與學習環境者，其智商屬於中下；有不良的智商遺傳基因，又生長在不良環境者，其智商最低。

父母要想提高子女的智力，可以從改善家庭的教育環境著手，例如：多帶孩子去旅行以增廣見聞、家裡有各種益智玩具、有許多兒童優良讀物、有完善的視聽設備與多媒體、多與孩子互動、多問一些問題讓孩子思考等，讓孩子養成好學與好問的習慣。

29 特殊智力的孩子

　　智力特殊的孩子可以分為智力優異與智能不足兩類，前者是指智商在 140 以上，俗稱「天才」，教育學者通常稱之為「資賦優異者」。美國心理學者特曼（L. M. Terman）曾研究 1,500 名智商在 150 以上的少年，結果發現，其身高、體重、身體健康情形、情緒適應、社會成熟度以及體力等方面，都優於同年齡的一般少年。這些少年的創造力與成就動機也比較高，他們長大以後大都成為社會上傑出的人才，或被列入《美國名人錄》。可是有一部分高智商的人，學業與事業失敗，加上品格不好，後來淪為智慧型犯罪者，對社會大眾造成很大的傷害。

　　世界許多先進國家對於資賦優異者，大致採取兩類教育措施：其一為充實與加深課程內容，使資優生學習得更深、更廣；另一則提供跳級的就學機會，例如：小學只讀 4 年、中學 4 年、大學 2 年、大學畢業後直接攻讀博士學位。

　　智能不足是指，智商在 70 以下者，又稱為心智遲緩。根據美國心智遲緩學會（AAMR）的定義，心智遲滯是指在 18 歲以前，心智能力低於正常人，缺乏自我照顧、人際溝通、社交、社區活動參與等方面的能力。智能不足的孩子由於語文、數字運算能力的缺陷，因此無法正常學習，學業成就相當差，需要接受特殊教育。不過，有些智能不足的孩子卻擁有藝術或超強記憶的特殊稟賦。

　　根據美國精神醫學會（APA）於 2000 年的分類，智能不足可以分為：輕度（IQ 介於 55～70），可以教導職業技能以便能自力更生；中度（IQ 介於 35～55），可以教導溝通技巧與半技術性工作；重度（IQ 介於 20～40），可以教導自我照顧與一些簡單工作；極重度（IQ 在 20 以下），缺乏自我照顧與溝通技巧，需他人照料。

　　有些父母受過高等教育，也有很高的職位，但是孩子卻智能不足，所以就認為是命運捉弄，或埋怨祖先沒保佑。其實孩子智能不足有很多的原因，與祖先是否保佑或自己的命運好壞，並沒有直接關係。

　　易造成孩子智能不足的原因如下：

1. 孕婦感染梅毒、德國麻疹、腮腺炎等疾病。
2. 母親懷孕的時候嚴重營養不良。
3. 孕婦酗酒。
4. 孕婦吸食毒品。
5. 孕婦照射過量的輻射線。
6. 孕婦生產過程不順利，胎兒停留在產道的時間過長，導致腦部缺氧。
7. 基因異常導致唐氏症（Down's syndrome），又稱蒙古症。
8. 嬰幼兒發高燒。
9. 嬰幼兒大腦嚴重受傷。
10. 嬰幼兒罹患苯酮尿症（phenylketonuria, PKU）、侏儒症、腦炎或腦膜炎。
11. 新生兒罹患黃疸。
12. 嬰幼兒的玩具含有鉛，導致鉛中毒。

30 如何給孩子取名字？

　　一般父母給孩子命名，大都經過相當多的審慎思考、再三斟酌，所以由子女的名字就可以知道父母對子女深切的期望，例如：小孩的名字叫「金來」、「添富」、「進財」、「金樹」、「金山」、「萬財」、「添財」、「金田」、「有土」、「有金」，這些名字都與錢財有關，顯示父母希望子女能帶來財運，或可能父母出生在貧困的家庭。儘管孩子有好的名字，不代表就一定能有美好的未來，但是不雅的名字容易被人取綽號或嘲笑，造成自我形象的傷害和孩子心靈的創傷。

　　有少數個案的名字叫「罔腰」、「罔市」，這樣的名字表示他可能不是父母心目中所想要的孩子。有的人名叫「招治」、「招弟」，這表示父母希望這孩子的出生能招來弟弟。有的孩子名叫「文彥」、「文傑」、「文隆」、「文昌」、「文華」、「鴻文」、「文山」、「文海」、「宏文」、「文章」，這些名字通常表示父母期望子女將來長大後，有文人的才華。有的孩子名叫「土牛」、「黑狗」、「山豬」，這種名字通常表示父母期望子女像動物一樣容易飼養，不容易生病或夭折。

　　父母給孩子取什麼名字，沒有什麼標準可循，如果名字命得好，孩子容易產生自信心；反之，如果名字命得不好，孩子容易產生自卑感。如果找專家命名，容易出現和許多人有相同名字的情形；而由父母自己來命名，最好參考以下原則：

1. 名字與性別要吻合，男孩不要取女性的名字，女孩不要取男性的名字。
2. 名字筆畫數不宜過多或很難寫，免得將來書寫上很麻煩。
3. 名字宜避免不雅的諧音，例如：居易（拘役）、兆育（躁鬱）、孟宜（夢遺）、喜全（洗錢）、淵裕（冤獄）、許婉菁（洗碗精）、石輝

（石灰）、七靈（欺凌）、壽生（獸生）、月京（月經）、思聰（失聰）、坤崇（昆蟲）。

4. 避免取外國人的名字，例如：約翰、彼得、摩西、路加、馬可、多加、大衛、保羅、喬治。

5. 名字最好不要與許多人一樣。雖然好名字大家相爭取，但是將來容易被取笑為「菜市場名字」，例如：志偉、淑芬。

6. 不要選用很難唸或電腦打不出來的文字，例如：嘉罡、文燹、信嵬、仁燏。

7. 名字最好不要太獨特，例如：偉人、冠軍、元首、發財、超人、聖人。

8. 名字只有兩個字，比較容易讓人家記得，例如：陳菊、李安、黃智、路平、洪元、王銘、黃田、葉欣、尤清、何信。

9. 不雅名字容易給人取綽號，例如：范統、劉產、龐光、蔡範、悅菁。

31 提升孩子的學業成績

　　有些家長常為了孩子成績不好而責罵孩子，易造成親子關係緊張，或家中氣氛不好。其實，如果孩子的智力在中等以上，學習成績不好，就需要利用教育心理學的原理來幫助他，例如：孩子第一次月考數學考43分，第二次月考考48分，如果父親對孩子很不高興的說：「你怎麼這麼笨，數學老是考這麼差！」再加上媽媽也來責罵他，孩子聽了之後心裡一定很不高興、很難過，因為他很努力用功、成績也進步了，但一樣被罵，如此一來這個小孩有可能不理會父母而放棄數學。但如果父母說：「孩子你很棒，考試成績進步了！再加油，以後一定能考得很好。」每當孩子的成績有進步就給予讚美、獎勵，孩子在受到心理激勵之後，以後成績要進步甚至得高分並不是困難的事。

　　有些父母因為孩子的學習成績不好，就加以指責或處罰，使得孩子會認為讀書是一件不愉快的事；在擔心被處罰的情況之下讀書，更會把讀書視為是為父母而讀，以後就容易產生被動的心態，無法從讀書當中得到樂趣，甚至產生自暴自棄的態度。

　　根據心理學家的研究，要使孩子表現出我們所期待的行為，就需要將現有行為與目標行為之間，分解成幾個步驟，在第一個反應學習成功之後給予獎勵，再學習第二個反應，第二個反應學習成功之後給予獎勵，再學習第三個反應，如此循序漸進，最後終於能夠表現出我們所期待的行為，例如：一位小朋友數學時常考60分，但他的智力不差，原則上應該是可以考到90分；於是我們可以將 30 分的差距分為幾個級距，例如：60、65、70、75、80、85、90，先以 65 分為目標，只要達到 65 分就給予讚美或獎勵，等到小孩數學成績穩定達到 65 分之後，就以 70 分為目標，只要達到 70 分就給予讚美或獎勵，等到小孩數學成績穩定達到 70 分之後，就以 75 分為目標，只要達到

75分就給予讚美或獎勵。這樣依序進行經過一段時間之後，相信這個孩子的數學成績應該就能達到90分了。

許多馬戲團的動物有精采的演出，例如：在日本電視「狗狗猩猩大冒險」節目中，黑猩猩小龐與鬥牛犬詹姆斯有相當精采的演出；海洋公園裡的海豚與海獅，也能夠演出感人的動作，其實都是利用這種行為塑造的原理。

中小學生考試成績進步，父母或教師通常會給予獎勵，但大學生考試成績進步，父母或教師給予獎勵的情形就不常見，所以大學生考試成績要進步，就需要靠自我激勵，例如：成績達到預期目標就看場電影，自我犒賞一下。

孩子考試成績進步，到底如何給予獎勵才有效？是否每一次都要給予獎勵？事實上，父母和教師最好平時就要了解孩子或學生的心理需求，一開始成績進步了，最好每一次就給予適當的獎勵；反之，如果考試成績退步，則不給予獎勵。但是，當成績進步到相當穩定的時候，獎勵的次數最好改用間斷的方式，例如：成績進步五次才給予三次獎勵，否則有一次不給獎勵，成績就可能退步了。

此外，考生要常常冥想自己可以考得上，例如：參加司法人員三等特考司法官類科考試，要想像未來穿上律師袍、法官袍的神情，這樣不但可以培養自信，也可以提升戰鬥力，考取的機會就會增加很多。

32 養兒不一定能防老

　　以前的人說「養兒防老」、「積穀防饑」，但「養兒防老」的傳統觀念，隨著社會快速變遷，生活競爭愈來愈劇烈，已慢慢改變；老來要依賴孩子提供生計保障的機會，也愈來愈小。社會因而有了各式各樣集體保障的機制，例如：退休金制度、年金制度、老人安養中心等，都是提供老年人可以不必依靠兒女來度過老來生活的機制。

　　在現代社會裡，因為生活競爭日益激烈，許多人工作時間超時、工作壓力過大、結婚年齡往後延長，即使結婚之後也因為經濟或時間因素，導致許多年輕人結婚之後，孩子愈生愈少，甚至不生，或造成無法生育的問題，即使生了孩子，家庭經濟與孩子的教養問題負擔沉重，年輕夫妻為了謀生養家，著實很難得有空閒時間來照顧父母，所以父母最好要有住安養院的心理準備。

　　雖然養兒不能防老，但結婚之後不生孩子也不是辦法，因為當自己年老無依無靠或生重病的時候，誰來理你？即使有錢又能怎樣？有孩子陪伴總是比較好，如果請外勞來陪伴，跟自己的孩子仍有很大的不同，所以應該說：「養兒陪老」，可是如果只生一或兩個孩子，他們因為工作的關係，不可能長期來陪伴，所以自己的身體健康才是最重要，而身體健康與平時養成的生活習慣有關。如果生病需要子女長期來照料，真的會遇到「久病無孝子」的窘境。

　　如果不能生育，而想要有自己的孩子，可以申請成為寄養家庭，經過一段時間如果覺得這個孩子不錯，再申請加以領養，或者直接向家庭扶助中心、育嬰中心、未婚媽媽之家等單位申請領養，但是領養程序有一些規定，必須先去接洽了解。

　　大家都知道，即使是買來或領養的寵物，經過主人飼養之後，寵物跟主

人也會培養深厚的感情，所以，領養的孩子也能跟自己親生的孩子一樣有感情。台灣有一句諺語：「養的大於天，生的請一邊」，也就是說，父母養育孩子的辛勞，孩子一定能感受得到。

不久前，在美國有一對夫妻醫師，他們從年輕結婚就很想生孩子，可是經過努力很多年都無法成功，到了中年開始申請領養孩子，前後總計領養了10個殘障嬰孩，全家和樂融融，不輸給一般家庭。醫師娘說：「我雖然不能生孩子，但感謝上天讓我擁有這麼多孩子。」

以前有一對夫妻只生下一個兒子，他們在步入老年之前就把全部房地產過戶到兒子名下，沒有想到兒子在一場車禍中過世，所有財產由媳婦繼承。後來媳婦改嫁他人，這對夫妻本來以為養兒可以防老，結果只能靠拾荒過日子。

古人說：「養兒防老」，這句話在目前已經不太適用了。既然養兒不一定能防老，只好從年輕時代就要懂得保養身體，而且養成儲蓄習慣以及具有投資理財的知識，以免陷入年老貧病交加，呼天天不應，叫地地不靈的窘境。

33 激發孩子潛能

　　每一個孩子都有與生俱來不同的潛在能力，但是孩子的潛在能力很少完全被激發出來，所以將來只能當個平凡人。在這個少子化的時代裡，許多父母都把孩子當作心肝寶貝，在父母親的過度呵護之下，孩子容易產生高度依賴的心理，無形中潛在能力就被埋沒了。有許多家長逼著小孩去補習、做功課、學習各種才藝，希望他們贏在起跑點上，將來長大之後能夠出人頭地，甚至光宗耀祖，但是很多家長要孩子學習的東西，事實上只是為了滿足自己未完成的願望而已。孩子忙著實現父母的期望，根本沒有空閒去發掘自己真正的興趣。

　　許多父母很早就幫孩子做好生涯規劃，提供一切物質生活所需，讓孩子從小沒有吃苦、磨練的機會，這樣一來孩子很容易產生好逸惡勞的心理。甚至有些父母要孩子將來承接家庭的事業，因為孩子從小在養尊處優的情境下，會想反正只要有父母的產業，這一輩子都夠用了，幹嘛還需要努力打拚？所以在人生旅途上，就容易失去刻苦耐勞、求生存的意念；將來有一天繼承父母親豐厚的遺產，也不懂得好好珍惜並且發揚光大，財產終有一天會消耗殆盡，這也是「富不過三代」的原因。

　　目前有不少企業家的少東，住豪宅、開名車、天天跑趴、泡夜店、買名牌，時有所聞，這種光鮮亮麗的日子過慣了，以後怎麼可能任勞任怨、苦幹實幹？誠如洛夫的詩：「如果你迷戀厚實的屋頂，就會失去浩瀚的繁星。」

　　要激發孩子的潛力，就是不要讓孩子覺得自己有靠山，讓他們先靠自己努力奮鬥掙扎，在孩子遭遇困難的時候父母才從旁協助。簡言之，不要先讓孩子以為將來都可以一帆風順、高枕無憂，這樣才能激發其向上的意志力，將來遭遇到困境才能夠有毅力去面對，孩子才能活出精采的人生！

　　俗語說：「沒有教不好的孩子，只有不會教育子女的父母。」父母是孩

子最好的導師，要扮演好導師的角色並不容易，因為親職教育是一門專業，一般父母並沒有接受父母效能訓練，只傳承過去自己父母那一套教養子女的方式，然而孩子的潛能是無窮大的，只要教養方法得當，「望子成龍、望女成鳳」的希望是可以掌握在父母手中。到底如何激發孩子的潛能？不少研究發現：父母應了解孩子的個別差異，發覺孩子的興趣、性向、優點，欣賞及接納孩子的優缺點，多給予支持與鼓勵，要孩子對自己的行為負責，扮演好自己的角色；常問孩子各種問題，讓孩子有獨立思考的機會，要孩子一起思考及解決生活中的問題，無形中已在開發孩子的潛能了。

34 父母管教子女的態度

　　一般人結婚之後的下個階段就是生孩子成為父母，但每個人在成為父母之前並沒有接受過專業訓練，通常會以自己父母以前管教自己的方法來教養孩子，而父母的方法並不一定正確，例如：在中國傳統社會中，許多父母常有「不打不成器，棒下出孝子」的觀念，也就是對孩子採取嚴厲懲罰的管教方式，其實這種作法，並不符合心理學與教育學的原理。一個人的人格受到父母的管教態度影響最大，父母的管教態度可以粗略分為以下七個類型：

1. **過度保護型**：若孩子從小生長在嬌生慣養的家庭，凡事只要求別人幫忙，容易喪失抵抗挫折的能力；遇到困難問題就容易退縮、逃避，沒有解決問題的勇氣與能力，缺乏在生活中培養責任感和待人接物的正確態度，無法與他人合作，一切以自我為中心，容易產生不良適應或犯罪行為。一個孩子如果從小到大，父母都沒有給吃苦磨練的機會，將來即使留給他很多財產，也不容易珍惜而會輕易揮霍掉。

2. **拒絕冷漠型**：這是指孩子因為長相不雅、智能偏低、身體殘障、出生時家人生重病、出生時父親事業失敗、家庭計畫以外出生、孩子性別與父母期望不同等各種因素，以致父母無法接納而冷漠對待他們。這些被拒絕的小孩在長大以後，可能具有冷漠、內向、自卑、人際關係不良等人格特徵。

3. **縱容放任型**：這是指孩子做錯事父母不責罵或不約束，這樣的孩子長大之後容易表現為所欲為、不肯負責任，「只要我喜歡，有什麼不可以」的心理，也容易產生各種偏差行為或犯罪行為。在少子化的社會中，父母因寵愛而縱容孩子，孩子就容易產生放任的行為。

4. **專制權威型**：這是指管教態度獨裁獨斷，要孩子唯命是從，負面的批評指責過多，說教過於頻繁。在專制、獨裁、威權之下長大的孩子，

容易產生畏縮、反抗威權、霸凌行為、自尊心低落、缺乏自信心、創造力低。

5. **恩威並濟型**：這是指該嚴格的時候就嚴格，該放鬆的時候就放鬆。在恩威並濟、寬嚴適中之下長大的孩子，容易產生是非分明、自我節制、遵守紀律的個性。

6. **矛盾分歧型**：矛盾是指父親或母親自己的說法與作法不一致，好像開空頭支票，無法兌現。分歧是指父親與母親的管教方式彼此不一致，例如：爸爸說：「如果考試成績達80分就可以買單車送給孩子。」但是媽媽卻說：「不行！」在矛盾分歧之下長大的孩子，容易產生猶疑不決、不守信用、不信任的個性。

7. **民主型**：這是指一切重要的事情，父母親與孩子都能共同參與討論而後做決定。在民主型之下長大的孩子，容易產生尊重、禮讓、服從、遵守社會規範的風度。

父母對子女的管教態度最好一致，對孩子無條件正向關懷，總是以勉勵代替處罰，以關心代替責罵，以尊重代替批評，對孩子不苛求、不施加過大的壓力，子女在有安全感的環境中成長，對孩子的發展最有利。

父母管教子女沒有一定的公式，但是父母如果暴怒、說謊、自私自利、行為不端正，小孩便很容易模仿。因此，父母必須以身作則，有良好的品德才能夠把孩子教好。傳統社會的父母常使用懲罰來改變孩子的不良行為，但是懲罰不當容易產生以下幾項副作用：

1. 受懲罰者不良行為只是暫時收斂，其不良行為依然持續進行。

2. 受懲罰者容易模仿施罰者的行為，例如：父親體罰小孩，小孩可能欺負別人或虐待動物。

3. 受懲罰者容易產生敵對、報復施罰者，或轉向攻擊的行為，例如：父親經常體罰小孩，小孩可能偷竊爸爸的貴重物品；教師懲罰學生之後，學生可能破壞公物。

4. 懲罰容易使受懲罰者產生恐懼、焦慮的心理，例如：老師對學業成績

差的學生加以懲罰，容易使學生產生考試焦慮，成績反而會更差。

5. 懲罰容易使受懲罰者產生退縮的個性。

對孩子到底如何懲罰才適當？以下幾個原則可供大家參考：

1. 懲罰對事不對人，不可以人身攻擊。

2. 懲罰之前需先有警告，如果故意再犯才施以處罰。

3. 懲罰最好不要在眾人面前，以免傷害孩子的自尊心。

4. 最好在孩子犯錯之後立即實施懲罰，如果拖延很長時間，效果就會大打折扣。

5. 懲罰之後，最好讓小孩明瞭他被懲罰的原因，以達到警戒的效果。

6. 小孩吵架，不可以叫他們彼此相互懲罰。

7. 懲罰最好不要超過孩子生理上的負荷，尤其不可以實施體罰。

8. 暫時取消權利是比較好的方法，例如：在期末考試之前對孩子說：「如果成績沒有進步，就一個星期不能上網、玩電動。」

在華人世界裡，許多父母常有自以為是的心理，即使自己犯錯了也不願意承認或改過，對子女造成身心的傷害。「天下無不是的父母」之觀念，容易使父母認為「子女是父母親的私有財產」，進而產生虐待子女或性侵犯女兒。其實父母自己犯錯了，向孩子道歉也無妨，這樣孩子也可以在犯錯時，也會勇於向別人道歉，因而建立良好的人際關係。

35 一句話對孩子的影響力

　　一個人一生的成敗，常常因為一句話而有決定性的影響。尤其對人有用的一句話，勝過千言萬語。古今中外有很多人，因為別人的一句話而深受感動，甚至豁然開朗，邁向成功之路。由於「一句話」而改變一生的事例，更是不勝枚舉。

　　卡內基（D. Carnegie）出生在美國密蘇里州的鄉村，父親是一位樸實的農民，家裡非常窮困，常吃不飽、穿不暖。由於營養不良，小卡內基非常瘦小，小時候不討人喜歡，卻常常調皮搗蛋，以致於在一次嬉戲中折斷了左手的一個手指。他九歲的時候，父親將繼母娶進門，當他父親向新婚妻子介紹卡內基時，如是說：「我的兒子是全郡最壞的男孩，他常調皮搗蛋實在令我非常頭痛，說不定明天早晨他還會拿石頭砸你，或做出什麼壞事呢！」

　　出乎卡內基預料的是，繼母微笑地走到他面前，摸著他的頭並注視著他，接著告訴丈夫：「你錯了，他不是全郡最壞的男孩，而是最聰明，只是他的才華還沒被人發現而已。」此話一出，卡內基的眼淚不聽使喚地滾滾流了下來。

　　就因為繼母這一句話，建立了卡內基和繼母之間深厚的感情，也因為這一句話，成就了他立志向上的動力，成為美國著名的教育家和演講口才藝術家，更因為這一句話，讓他日後幫助千千萬萬的人邁向了成功之路。一句話很容易說，但重要的是這一句話要能讓對方受用。給人一句好話，讓孩子一生充滿希望，何樂而不為呢？所以，為人父母要常對孩子說一些鼓勵的話、肯定的話、讚美的話，小孩就會往好的方向去發展。

　　一句關懷別人的話，能讓沮喪的人有生存下去的勇氣；反之，有時不經意一句輕浮的話，就會毀滅一個人的前程，例如：有一個孩子，學業成績不及格，品行又不好，有一天爸爸說：「你這個死孩子！真讓我失望！」這個

孩子竟認為父親放棄他，後來有一天這個孩子未成年就真的死掉了。因此，父母對孩子講話要很謹慎，以免毀了孩子一生的前途。

有一個小男孩就讀幼兒園後變得很調皮，父親就對小孩說：「你如果再調皮的話，我就把你的小鳥割掉！」這句話造成這小孩長大之後，想對女性暴露性器官的變態行為，因為在他的潛在意識中，想要向異性證明自己的性器官，並沒有被父親閹割掉。由此可見，父親對孩子講話要很謹慎，最好多講一些鼓勵、讚美的話，增進孩子的自信心，對激發孩子的潛在能力有很大幫助。

有一位學生在小學成績一向很好，但是上了國中之後成績卻一落千丈。爸爸對他說：「你的能力不錯，考試成績不好是努力不夠或考試運氣不好的關係。」孩子聽了爸爸這番話，重拾自信心，後來不斷努力終於名列前茅。如果當時爸爸對他說：「你真的變笨了！」這樣小孩會認為自己資質差，努力用功也沒用，從此學業成績就無法變好了。由此可見，父親的一句話可以影響孩子一生的前途。

36 天下無不是的父母？

　　身為父母親，都非常渴望孩子順服，但是父母親的所作所為，有時會激怒孩子，讓孩子內心充滿憤怒，甚至產生叛逆的心理，結果孩子便失去了志氣。其實許多父母都無心要傷害孩子，可是卻在無意中傷害了孩子。父母不是神，難免會有犯錯的時候，如果父母犯錯，就應向兒女道歉，這樣比較容易改善親子關係。父母做了哪些事情容易傷害子女？以下幾項是一般父母容易犯錯的地方：

1. **忽略孩子**：父母沒時間陪伴他們，在孩子需要受到父母保護的時候，他們卻因為工作忙碌而對他忽略，孩子覺得在家裡沒有被肯定，所以就往外面發展，例如：參加幫派或結交壞朋友，因為他在那個團體可以受到夥伴的肯定。

2. **否定孩子**：有的父母會說：「你怎麼這麼不聽話？你怎麼這麼笨？你怎麼這麼消極？為什麼不能像別人一樣？……」這些話孩子會覺得在父母的心目中，自己是一個沒有價值的人，孩子就會懷疑父母是否真的愛他，例如：第一次月考數學得到50分，第二次月考數學得到58分，爸爸說：「你怎麼這麼笨，老是考不及格！」小孩會認為自己已經很努力，成績進步了，但爸爸卻不高興，可能因此就會放棄數學。

3. **只顧自己面子**：父母常常跟孩子說：「你如果這樣表現，人家會說你的父母都沒有教導你。」因此孩子得到的一個印象：「我做這些事情只是為了讓爸爸媽媽有面子，而不是因為這些事情是對的或是錯的。」孩子要為父母爭面子，對孩子而言，是沉重的負擔或壓力。

4. **把孩子當出氣筒**：當父母親遇到不如意的事情，就把孩子當成出氣筒，無法管理好自己的情緒，容易使孩子產生叛逆的心理，例如：父母親做股票賠了許多錢，就對孩子亂發脾氣，這樣一來孩子很容易學

習到父母親不理性的行為，當然就無法從內心尊敬父母。

5. **過度縱容**：有的父母對孩子的不良行為，只有寵愛而放縱不管，即使明顯犯錯了也不管教。如此一來，小孩會變本加厲、我行我素、目中無人，將來可能犯下大錯。在孩子第一次犯錯時，父母就應勸導和警告，如果都無效之後，就可以施以懲罰，要讓孩子知道錯在哪裡，教導他正確的方向。但是之後要讓孩子知道，父母仍然是愛他的，不要用情緒管教孩子或虐待孩子。

6. **不良示範**：孩子容易模仿父母的一言一行，如果父母自己有不良的言行，卻要求孩子表現出良好行為，這樣孩子辦得到嗎？例如：父母抽菸，卻叫孩子不要抽菸、父母說謊，卻叫孩子不要說謊、父母沒有公德心，卻要求孩子要有公德心，這樣都是無法達到效果的。

7. **感情不和睦**：孩子是需要被保護的，需要家庭的溫暖與安全感，在孩子成長過程中，父母感情不和睦，時常為了一件小事爭吵，孩子被迫要選邊站，這樣孩子容易失去安全感，甚至造成心理傷害；父母如果離婚或分居，那將對孩子產生更大的心理創傷。

8. **言行不一致**：父母言行不一，就是父親或母親自己所講過的話卻不算話，好像開空頭支票一樣，例如：父母對孩子說：「只要數學考 90 分，我今年暑假就帶你出國去旅遊。」後來孩子真的數學考 90 分，父母卻沒有實踐自己的諾言，這樣會讓孩子無法從心裡順服父母的話。如果父親與母親態度不一致，也容易造成孩子不曉得要聽從父親或聽從母親的話。

37 父母了解青少年子女的心

　　許多父母在養育孩子的過程中，大都會覺得孩子到了國中階段，就變得叛逆不聽話。其實青少年是一個人一生中，最不穩定的過渡時期。俗諺說：青少年期就是「狂飆期」、「青春期」、「風暴期」。世界各地大都有對青少年舉行特殊儀式的習俗，表示青少年已經長大成年了。近年來，由於醫藥衛生發達、社會急劇變遷與家庭結構的改變，加上大眾傳播與資訊快速交流，對於青少年身心方面的發展，產生很大的衝擊。青少年期的身心發展，至少可以歸納成以下幾個特徵：

1. **性的特徵**：男性青少年在青春期來臨時，荷爾蒙會大量分泌，生殖器官產生明顯的變化，睪丸開始能生產精子、並有夢遺現象的主要性特徵；而男性青少年的次要性徵包括：嗓音變粗、鬍鬚、腋毛、陰毛，以及體毛的出現。女性青少年在青春期來臨時，開始有月經，這時已經有懷孕的能力；女性青少年的次要性徵包括：乳房隆起、臀部變大、嗓音變得柔細、身材婀娜多姿等。如果父母或老師沒有提早實施性教育，容易使青少年的心理惶恐不安。

2. **生長陡增**：青少年期身體快速成長，稱為生長陡增。男性的身高大約從 12 歲到 15 歲開始變化，到了 20 歲時達到巔峰。女性大約從 11 歲到 13 歲開始快速長高，17 歲時達到高峰。除了身高明顯變化之外，體重也明顯增加，這個時期常有食量大增、睡眠時間加長的現象，身體各部位的發育不均衡，最明顯的是手臂、大小腿變長了。男性可能因為喜好運動，肌肉發達；鼓勵青少年從事各種跳躍活動，例如：打籃球、跳繩、跑步，對身高的成長很有幫助。在青春期以前，男生與女生的體力差不多，但是到了青春期以後，男生的骨骼、肌肉明顯比女生發達，男生的力氣也大於女生，這是因為男生的肺活量與心臟大

於女生。由於青少年的身體成長速度快，體力相當充沛，所以他們需要發洩多餘的精力，家長與教師最好鼓勵他們從事各種體育活動，例如：打籃球、賽跑、踢足球，或是鼓勵他們參與音樂、美術等藝文活動，使其精神得到昇華；否則，青少年如果去從事飆車、械鬥、霸凌、沉迷網咖、參加幫派，這樣對於青少年個人、社會與國家都會有不良的影響。

3. **結交朋友**：青少年前期大都結交同性別的朋友，在與友伴交往過程中，可以得到他人的讚許、肯定，進而發展出社交的技巧。他們的個性、外貌、身材、體能、穿著等，都是成為社交能力的重要條件。到了青少年後期，開始與異性朋友約會，但有時為了爭取異性朋友的歡心，同性友人會彼此鬥毆，甚至傷害異性。此外，青少年婚前性行為，有日益普遍的趨勢，這個問題值得父母與教師重視。

4. **具有抽象思考能力**：青少年具有抽象思考能力，其認知發展在邏輯推理、提出假設與檢驗假設方面的能力，幾乎與成人相等。可是，青少年比成人缺乏生活經驗，因而容易形成以自我為中心、不能靈活變通的思想，對自己的想法相當堅持，不完全順從父母的想法，甚至認為別人應該聽從他的話。

5. **個人神話**：青少年常認為自己比別人更厲害，相信自己是個英雄，把自己想像成超人，這種個人神話的心理，容易使其不顧自身安危，尤其是在朋友的慫恿、教唆之下，容易從事各種冒險活動，例如：飆車、吸毒、酗酒、無照駕駛、藥物濫用等，因為他們認為災禍不會臨到自己身上。

6. **追求獨立自主**：許多青少年想獨立自主，他們很容易受到同儕影響，不喜歡父母的約束，他們想穿什麼衣服、留什麼髮型，或與哪位異性交往，都不希望父母或老師加以過問。

7. **身心成熟**：身心早熟的男性青少年在同儕中人高馬大，不僅在體育上占優勢，同時對異性比較具有吸引力，因此比較具有自信，人際關係良好；反之，晚熟的男性青少年，由於身材矮小，在同年齡群中容易

被譏笑為長不大的孩子，因而容易產生自卑、害羞以及生活適應困擾。有一些晚熟的男孩因外表比較不吸引人，所以會藉著好動、扮演小丑等行為來引人注目。如果他們在學業成績方面有優越表現，也許可以彌補生理不成熟的困擾，否則這類青少年有可能成為需要接受心理諮商輔導的對象。早熟的女孩在同儕中身高比較高，由於身高比男性還高，所以在團體中比較不自在。早熟的女性青少年對異性有濃厚興趣，喜歡與男性約會；不過，同年齡的男性尚未發育成熟，因此不容易與他們約會，使得他們喜歡與年紀較大的男孩約會或交談。相反的，晚熟的女孩，雖然其發育情形與一般男孩相似，但她們對自己比其他同年齡女孩遲來的初經感到憂心。不過，這類女性青少年最後長得比較高、身材苗條迷人的機率比較大。

青少年常對自己的前途滿懷理想，以致於忽略現實環境的限制。他們與父母之間存有代溝、對社會制度不滿、容易怨天尤人，以致於容易叛逆父母與反抗權威，如果沒有給予適當輔導，就很容易誤入歧途。青少年由於生活範圍逐漸擴大，於是想脫離父母的約束而獨立自主，在日常生活中難免有叛逆父母的情形發生，父母應以開明、容忍、接納的態度與子女溝通，適時給予輔導與親職教育，使青少年順利社會化。

38 對孩子因材施教

　　每一個孩子都有自己的興趣與性向，父母或教師如果能針對其潛在能力，給予適當的教育，孩子的生涯發展將大有可為，將來就可以成為社會上有用的人才；反之，天生奇才如不教育而變平庸，例如：我國旅美棒球明星王建民，如果父母從小要培養他學法律或醫學，他會有今天的成就嗎？許多父母只考慮孩子將來從事哪一種行業比較好，卻不考慮孩子的潛在能力與興趣，這樣孩子的發展將大受限制。又如台灣高球選手曾雅妮，參加世界高爾夫球在納比斯科高球賽中，擊出低於標準桿 6 桿，以總桿數 204 桿躍居第一名。父母發現她在中小學就有打高爾夫的潛能，於是針對其潛能經過苦心栽培，終於舉世聞名。

　　舟舟（1978 年 4 月 1 日生），湖北孝感人，胡厚培、張惠琴之長子，唐氏症患者，智商約 30，身高 140 公分。他從小有打拍子的天賦，經由父母苦心栽培，終於成為名指揮家。2000 年 9 月 6 日至 9 月 28 日，成為史上第一個在美國華盛頓藝術中心、紐約卡內基音樂廳指揮美國國家交響樂團的中國人。

　　有些父母希望子女將來繼承父業，如果子女喜歡父親所從事的行業，而且又有能力去做，繼承父業是一件好事。因為父親可以當子女的導師，給予各種必要的協助，子女又可以在父親打好的事業基礎上，繼續傳承發揚光大；反之，如果子女雖有能力去做父親的工作，但是不喜歡父親的事業，或不喜歡父親的事業而且又沒有能力去做，這樣勉強去繼承父親的事業，通常不會有好的結果。

　　如果一個人對一件事沒有興趣，勉強去做通常無法持久；反之，有興趣但是沒有足夠的能力去做，這樣也不可能把事情做好。一個人要有興趣而且有潛能，才能夠把事情做好。興趣就好像汽車的方向盤，潛能就好像汽車的引擎，汽車引擎需要有足夠的馬力，加上有方向盤，這樣駕駛的人才能夠把

車子開得很順暢。換句話說：個人的生涯發展需要興趣與潛能密切配合，才能夠有美好的未來。由此可見，父母對子女繼承父業不可以強求，以免傷害親子間的感情，甚至耽誤子女的人生前程。

許多家長為了培養孩子將來擁有特殊才藝，以便贏在起跑點上，於是在小孩很小的時候，就送孩子去各種補習班學習才藝，而不考慮孩子對這些才藝是否有興趣，最後可能造成事倍功半，甚至一事無成的現象，例如：有一對夫妻在女兒上幼兒園的時候，不考慮孩子是否有學習音樂的天賦，就先買了一部鋼琴，然後每個星期三開車送女兒去音樂班學習彈鋼琴，上小學之後除了去音樂班學習彈鋼琴之外，又送孩子到音樂教師家裡學習彈鋼琴，每一小時花 1,500 元，孩子回家之後還需要不斷練習，結果花了很多金錢與很多時間學琴，學到後來老師發現這個孩子根本沒有音樂的天賦與興趣，於是只好放棄，半途而廢。

這個孩子在學琴期間，每天要花不少時間學習彈鋼琴，這樣就排擠了孩子學習其他功課的時間，造成其他功課的成績下降，而且減少了孩子休閒、運動與睡眠的時間，反而使孩子輸在起跑點上，影響孩子未來的發展，其實這不是明智的作法。

父母決定要送孩子上音樂班之前，最好先請音樂教師與心理測驗專家，了解孩子是否具有學習音樂的興趣與性向，如果孩子喜歡音樂又有音樂的天賦，讓孩子往音樂的途徑去發展是有利的，甚至將來有可能成為著名的音樂家、演奏家，這樣才能夠達到適性教育的目的。父母如何協助孩子了解自己的職業興趣與性向？比較科學的作法，可以請諮商心理師或臨床心理師來實施測驗，或請學校諮商輔導中心、各縣（市）張老師、社區心理衛生中心的專業人員，來實施職業興趣與性向測驗。

父母如何協助孩子選擇升學志願？如果由父母直接幫孩子做決定，將來如果發展不順利，孩子就會怪罪父母。最直接而且最可靠的方法，就是協助孩子了解其智力、性向、人格、興趣，引導孩子接受智力、性向、人格，以及職業興趣等測驗，經由科學的方法來診斷，對於了解孩子比較可靠，最後再考量社會發展趨勢與時代的潮流，來決定未來一生的發展方向。

39 與孩子溝通的技巧

　　一般父母在與孩子溝通的過程中，常以「天下無不是的父母」之姿態出現，對孩子的行為加以指責或懲罰，孩子在威脅的情境下，就很難與父母有良好的溝通，當之後遇到困難問題時，就不願意與父母溝通。

　　父母與孩子溝通時，首先要營造和諧的氣氛，如果在家裡不適合溝通，可以邀請孩子到餐廳或安靜舒適的地方去溝通。此外，父母要有溫暖以及接納的態度，讓孩子在有充分安全感的氛圍中，勇於說出自己的困擾問題。在父母與孩子溝通的過程中，對孩子加以支持和鼓勵，幫助他釐清自己的問題，重建正確的自我觀念，進而自我接納及自我成長。為了達到上述效果，父母與孩子溝通的要領如下：

1. **傾聽**：父母與孩子的溝通宜先從傾聽開始，在親子互動過程中，父母不要對孩子說教，要仔細聽、用心聽。當孩子處於被愛、尊重、真誠、接納氣氛的時候，就容易朝向正面的方向成長。身為父母要當孩子的諮商師，傾聽他們的心聲，鼓勵孩子去表達內心的想法，並且應該尊重孩子的看法，這樣他們才願意將心事告訴父母，父母也才能真正的了解孩子。

2. **建立與孩子溝通的習慣**：父母平時可以陪子女一起看電視、影集，並與子女共同討論劇情與內容，或到餐廳用餐，或到戶外郊遊時閒聊，藉此拉近親子關係。也可在平時，多鼓勵孩子說出心中的想法與感受，例如：「你最近好嗎？」、「想聊聊這件事嗎？」、「我有興趣聽一聽你的想法喔！」、「你對這件事情，有什麼感受嗎？」。

3. **察言觀色**：父母在日常生活中，應細心的察覺孩子的表情與情緒。懂得察言觀色，其實就是一種無聲的傾聽，例如：孩子平時喜歡講話，但是最近卻沉默寡言，這個時候需要仔細觀察孩子的行為，但不要勉

強孩子與你溝通，只要告訴孩子：「當你想說的時候，父母很願意傾聽你的心聲。」

4. **使用肢體語言**：父母在傾聽孩子說話的時候，可以使用一些肢體語言，例如：點頭、微笑、鼓掌、身體前傾等動作，或是口語的示意，例如：「嗯！」、「我了解」、「是的」、「請繼續」、「後來怎樣？」等。當子女能將父母視為不可或缺、無所不談的「心靈之友」時，父母才能真正成為子女最好的「心靈朋友」或「心靈導師」。

5. **真誠對待**：父母對孩子需要真心誠意、坦誠溝通、態度誠懇及自然、不擺出權威的姿態、不要虛偽，隨時與孩子保持誠摯的關係。

6. **無條件接納與正向關懷**：父母對孩子溝通過程中所陳述的一切，要無條件的接納，給孩子有備受尊重的感覺。對於孩子已經發生的事情，要以理性的態度分析與關心，不做任何批評或糾正。

7. **同理心**：父母在傾聽孩子自我陳述之後，要站在他的立場，設身處地的去體會其內心世界，讓他感受到父母真正了解他的苦衷，例如：孩子努力用功讀書，考試成績卻不及格，此時父母不可以說：「你怎麼這麼笨！」父母最好說：「孩子我可以體會你的心情。」如果孩子被人欺侮而大聲哭泣，這個時候父母不可以說：「你怎麼不反擊對方？」父母最好說：「孩子你受到委屈，我可以感受得到。」

8. **對孩子正向期許**：在親子溝通的過程中，父母應多運用一些正面的語言來鼓勵孩子，也可以利用眼神、面部表情、點頭、親切的聲音，找時間與孩子溝通，這樣對孩子建立自信心很有幫助。我們常說：

> 在鼓勵中長大的孩子，充滿自信。
> 在讚美中長大的孩子，懂得感謝。
> 在辱罵中長大的孩子，有罪惡感。
> 在公正中長大的孩子，明辨是非。
> 在嘲笑中長大的孩子，膽怯害羞。
> 在敵意中長大的孩子，心懷敵意。
> 在接納中長大的孩子，樂於助人。

40 教導孩子理財

　　學校老師很少教導學生理財的觀念，如果父母不懂得如何理財，也沒有教導孩子理財的方法，孩子長大成人之後，自然就不懂得如何理財。其實理財也是人生的重要課題，一般說來，一個人從小到大隨著年紀的增長，生活開銷逐漸加大，對於還沒有經濟能力的中小學生來說，總是希望父母能多給點零用錢。而中小學生需要多少零用錢才夠用，雖然沒有一個標準答案，不過如何教導孩子智慧的理財與用錢，是值得父母關心的課題。以下提供家長教導孩子恰當用錢與智慧理財的幾個方法。

　　第一，如果父母發現孩子常有零用錢不夠用的情形，應與孩子一起討論，共同找出錢不夠用的原因。也許是用錢的方法不對，或是沒有建立儲蓄的習慣，也有可能是外界物質的誘惑，而自己抵抗誘惑的能力和定力不夠，所以容易有花多少錢也不在乎的心理。儘管如此，只要親子透過確實的檢討，對於建立孩子如何正確使用零用錢的觀念、態度和方法，都會有積極正面的幫助。如果孩子無法有效克制購物的衝動，父母可以教導孩子將自己的零用錢設定使用上限，例如：將零用錢一分為二，規定其中一半是要固定儲存的，另外一半才可以花用。但是可以花用的錢，也不一定非花光不可，這樣才能改善亂花錢的習慣，克服購物的衝動。

　　其次，父母要了解，給孩子很多零用錢不是疼孩子的表現，因為身上零用錢愈多，在校園中愈容易遭到其他同學的傷害。根據行政院青輔會的一份問卷調查顯示，大約三分之一的青少年說，他們曾因身上零用錢多，在校園中遭到其他同學的霸凌，所以給予孩子的零用錢夠用就可以，否則容易成為其他同學傷害的對象。

　　第三，父母有責任教導孩子管理金錢的能力。父母同時要讓孩子明白：零用錢雖然可以自由花用，但是要在一定合理的範圍內，可以處理自己生活

方面的部分開支,並藉此養成自我負責的習慣。

第四,父母宜進一步教導孩子懂得有計畫的使用金錢。簡單來說,就是避免孩子因用錢不當而養成過度揮霍、吝嗇的習慣,或陷入無錢可用的窘境。父母教導孩子有計畫的用錢時,可先從學習編列預算與記帳開始。父母親可以鼓勵孩子編列預算時,最好提出一定比例的金額作為「儲蓄」,以應不時之需,或為長遠之計畫打算,例如:旅行、購買心愛的東西等。一般常見的個人儲蓄方法有:存入撲滿、金融機構,或交由父母代為保管等。其中,以存放金融機構較為安全,而且可孳生利息。

第五,對國內外發生的任何重大事件,父母宜蒐集相關資訊,分析其對經濟發展的影響,然後與孩子討論,讓孩子了解任何重大的事件都與經濟有關,例如:冰島火山爆發,歐洲許多國家的飛機航班取消,就會使空中航運的股票下跌;大地震之後需要重建家園,水泥與鋼筋相關產業的股價就會上升;申報所得稅或大學開學之前,有些父母要賣股票籌措金錢,股票就容易下跌;開放陸客來台,航運股的股價就容易上升。

孩子對錢的看法會影響其社會適應及人格發展,所以父母應教其正確使用金錢的方法。金錢的使用應從零用錢開始教起,如果父母不給孩子零用錢,剝奪他學習用錢的機會,孩子甚至可能產生偷竊的行為;反之,給太多零用錢卻不指導如何使用,容易養成浪費習慣。因此,父母宜用漸進方式,讓孩子學會理財的要領,以便長大之後懂得如何理財。

41 談孝順

　　台灣俗諺：「在生敬一粒豆，勝過死後拜豬頭」，就是強調父母生前在世的時候，子女要對他們孝順，比往生之後大肆鋪張祭拜更重要。如果不能及時孝順父母，等到父母過世了，就會產生「子欲養而親不在」的遺憾，所以說「孝順不能等」。

　　大家都知道孝順父母是一種美德。「要孝敬父母，使你得福，在世長壽」（聖經，以弗所書 6 章 2 節）。許多人相信，人死了之後會輪迴，但輪迴是真的嗎？如果你的祖先輪迴轉世成為牲畜，例如：狗、牛、羊、雞等，那麼你平常吃的牛、羊、雞肉，有可能是祖先演變來的，這樣你還敢吃嗎？我們自己如果是祖先死後輪迴投胎而來的，我們當中誰有收到前世子孫的祭物、汽車、豪宅、別墅呢？如果祖先輪迴為牲畜，用青草、飼料來祭拜不是更受歡迎嗎？如果祖先輪迴為美國人，是不是用麥當勞的漢堡來祭拜比較合適？如果祖先輪迴為一個國家的元首，那還需要我們來祭拜嗎？

　　雖然人類已經進入 21 世紀，但是仍然有許多人遵循傳統的風俗習慣，例如：到土地公廟去拜拜焚燒金紙，金紙的灰塵隨風四出飄散，造成嚴重的空氣污染，去拜拜的人也會吸入肺部，對周遭的住家居民身體健康傷害很大。尤其在人口密集的大都市，受害的人很多，這樣有公德心嗎？為什麼人要焚燒金紙？據了解是要給祖先花用。外國人不用拜拜，他們不焚燒金紙，難道他們的祖先不需要用錢嗎？如果祖先轉世變成人，或變成動物，他們就有求生覓食的本能，這樣還需要我們焚燒的冥錢嗎？這樣紙灰他們還能當金錢來使用嗎？

　　大家應該要節能減碳不要製造空氣污染，就是多積一些陰德，利己也利人。如果非拜拜不行，也儘量不要焚燒大量金紙，或請環保單位規定都市裡的廟宇，都採用環保金爐，或以米代替金紙，拜拜之後米可以帶回去煮飯，

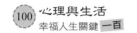

既不會污染環境又不浪費金錢，可以說一舉兩得。

　　如果當父母的人，對自己的父母不孝順，或當媳婦的人對公婆不禮貌，而希望孩子來孝順，這是很不容易的事，因為孩子是有樣學樣的。如果希望孩子孝順，父母就要先從自己做起，以身作則讓孩子有良好的學習榜樣。

求職與工作篇

42 求職面談的要領

　　一般人中學、大學或研究所畢業後，找工作通常必須接受面談，而目前平均大約七個大學畢業生搶一個工作，競爭不可不謂激烈。那社會新鮮人要如何通過面談而被錄用？根據 104 人力銀行的調查指出，進入職場的新鮮人最擔心面試失敗。擔心面試失敗的求職者，可以透過充分準備來克服困難。在面試前，應先對該公司充分了解，例如：公司創立的年代、公司所在地、公司的營運項目、產業訊息、產品的市場定位或占有率、主要客戶、近幾年公司的成長或組織概況。主考官在面談時，如果發現該求職者對於這個公司的業務很熟悉，會覺得求職者「很有心」，面談成功的勝算就很大。

　　如何蒐集應徵公司資訊呢？其實只要上網查詢，就容易取得資料，例如：在 104 人力銀行的網頁查詢求才公司，就可以查到相關資料；另外，有設自家網站的公司，會在網頁上詳盡介紹公司沿革、產品、服務等各方面的資訊，也可多加利用。此外，如果能打聽該企業內員工的相關消息，對該企業有深入的見解會更有幫助。總而言之，求職者對於可能被問及的問題，都應事先準備答案。

　　另外，如果你對這間公司有充分了解，在面試時可以主動提出相關問題，這樣做不但可以減少面試時的緊張，也可以增進面試委員與求職者之間的互動，有助於面試的成功。

　　許多徵才單位都要求應徵者要有工作經驗，但如果你沒有相關工作的經驗也不必慌張，可以事先想好曾經做過的相關工作，例如：在哪裡實習過、在哪裡打工、曾經在哪裡當志工。老闆通常從履歷表了解求職者的基本能力，覺得可以接受之後然後進行面試。面試時，面試委員通常會想到幾個問題：「我喜歡這位求職者嗎？」、「這個員工有用嗎？」、「這個員工和我合得來嗎？」。筆者提出幾項關於求職者面談的技巧如下：

1. 穿著應整齊清潔，應徵高階主管的男士最好穿西裝打領帶；女性最好穿套裝，頭髮不宜蓋住額頭。

2. 面試委員問你問題，回答時要保持笑容，並且要抓住問題的要點，簡潔扼要答覆；保持熱情，聲音宏亮、表現出有自信的樣子。

3. 求職者可以觀察面試委員的肢體語言。走進一家公司，先放輕鬆身體，面談時要避免使用一些特殊語彙，例如：目前的網路用語，會讓面試委員覺得不太莊重；面試委員大都是資深主管，他們年紀比較大，求職者最好使用相同的語言，使彼此之間語言溝通順暢。

4. 向求職者表示你是一個有解決問題能力的人。老闆雇用員工，是希望員工可以解決問題，你要表現有自信，讓自己成為一個值得信賴的人。但求職者不必吹噓自己，要表現出誠懇、充滿活力的一面；當被問到不太擅長的技能，或缺乏某種經驗的問題時，可以強調自己學習力很強，表示自己很快能迎頭趕上。

5. 有時候面試委員會測試求職者的態度，例如：一位新科博士到某大學求職面談，校長問他：「如果請您兼任學校的行政工作，您願不願意呢？」他如果大聲說：「我願意！」通過面談的機會就很大，如果猶豫不決或說：「我再考慮一下！」這樣求職就很可能不會被接受。

6. 如果委員問你的問題不曉得如何回答，不要緊張或皺眉頭，最好回答說：「委員您問這個問題很重要！我雖然一時想不起來，但是回去之後，會立刻找這個問題的相關資料，讓我有成長的機會，謝謝您！」

7. 如果委員問你有沒有工作經驗，對剛離開學校步入社會的年輕人來說，這個問題會感覺困擾。你可以說：「我有類似的工作經驗，例如：在哪裡當過志工、當過社團幹部、在哪一個機構實習或見習、當過班級幹部等。」

8. 如果你一直都找不到工作，在面試時被問到你希望的待遇，這個時候你可以說：「我願意先來工作不領薪水，如果貴公司覺得我的表現不錯，再給我正式工作的機會。」

9. 不要太在意是否能準時上下班，也不要輕易說出「這個工作太簡單了」之類的話。

43 服務態度與事業的成敗

良好的服務態度，可以使顧客產生親切、熱情、真誠、舒適與自在的感受，所以服務態度是一個人工作與事業成功的基礎。顧客通常有兩種需求，一個是物質需求，另一個是心理需求。良好的服務態度包括：有禮貌、熱情、誠懇、尊重、親切、友好，而且不可以在顧客面前把自己不好的情緒表現出來。優良的服務態度主要有以下幾點：

1. **認真負責**：要想到顧客的需求，認真地為顧客辦好每件事，即使顧客提出的服務要求不屬於自己的服務範圍，也要主動與有關部門聯繫，確實解決顧客疑難問題。把解決顧客之需求，當作工作中最重要的事，把顧客的要求認真辦好。

2. **積極主動**：要有力求顧客完全滿意的想法，做到處處為顧客提供方便。

3. **熱情耐心**：要待客如賓，面帶笑容，態度和藹，言語親切，熱情誠懇。在顧客面前不論服務工作有多繁忙，壓力有多大，都要保持不急躁、鎮靜自如地對待顧客。顧客如有意見，要虛心聽取，顧客有不滿的情緒，要儘量紓解，不與顧客爭吵，要嚴以律己，恭敬謙讓。

4. **細緻周到**：要善於觀察和分析顧客的心理特點，懂得從顧客的神情、舉止發現顧客的需要，正確把握服務的時機，服務於顧客開口之前，效果超乎顧客的期望之上，力求服務工作完善妥當，體貼入微、面面俱到。

5. **禮貌與尊重**：要有高度的文化素養，談吐文雅、衣冠整潔、舉止端莊，待人接物不卑不亢，尊重不同國家、不同民族的風俗習慣、宗教信仰，隨時表現出良好的風度。

　　有一位年輕人大學畢業之後，一直找不到合適的工作，於是就想自己創業，起初想在大馬路邊租一間店面，可是缺乏創業資金，唯一可行的方法，就是在自己家裡開一家糕餅店。雖然他的住家位於狹窄的巷子，但是可以省去房租。這位年輕人創業之後，主動積極招攬客人，例如：主動打電話告知客戶，是否需要生日蛋糕而且還可以打折，當顧客訂貨之後他親自送到家，事後還會打電話關心蛋糕好不好吃，於是這樣生意就愈做愈好，他的生意甚至超過大馬路邊同行的商家。反之，如果他每天在店裡等著客人自己上門來，這樣可能生意清淡，說不定撐不了幾個月就關門了。

　　有一些商店服務人員態度傲慢，不把顧客看在眼裡，這就是不懂消費者心理學，例如：有一個人到一家賣衣服的服飾店，要買一件羊毛背心，這個客人看很久都不滿意，當他要離開這家商店時，店員不對他打招呼，甚至讓人覺得有不耐煩的感覺，以後這個顧客還會來購買嗎？

　　在美國有一個富豪，有一次到一家商店購物，商店裡沒有他所要買的東西，這家店老闆幫他詢問幾家商店，其中有一家商店有他所要的東西，商店老闆還親自帶他到這家商店，買到他所需要的東西。這件事讓那個富豪非常感動，後來這個富豪在遺囑中交代，要捐出一大遺產給那一家店的老闆。

　　筆者有一次到美國教育測驗服務社去考察測驗業務，利用空檔時間到紐約一家百貨公司購買太太的化妝品。我把化妝品的清單拿給專櫃服務人員，她說：「這三種商品我們只有兩種，另外一種沒有現貨。」這位服務小姐立即幫我打電話，問了好幾家商店，最後有一家店有賣這樣商品，然後她幫我畫地圖讓我知道怎麼去，還留電話給我，叫我萬一找不到再跟她連絡，她的服務態度也讓我非常感動。

　　近幾十年來，一般企業愈來愈重視顧客服務，學校也不例外。因為沒有顧客服務，就沒有訂單；沒有顧客服務，就沒有生意；沒有顧客服務，就沒有營收，學校沒有學生就無法聘請教職員工。所以顧客服務至上的觀念，似乎已成為現代企業、銷售人員，甚至學校生存的黃金定律。

　　美國房地產銷售天王湯姆·霍金斯（Tom Hopkins），一年賣出365棟房子，刷新全美房地產銷售紀錄。他在短短五年時間，由只有158美金的窮小

子，搖身一變成為年收入百萬美元的富豪。現在他是美國身價最高的銷售高手，也是全球最會打造物業冠軍的金牌教練。

霍金斯在回答如何在銷售事務上成功的問題時，每次都會強調——銷售員一定要有強烈服務他人需求的心態。他在對學生講授銷售技巧的時候，總是會提到「Service」（服務）這個字，他告訴學生「Service」的第一個英文字母「S」就是金錢「＄」，也就是「＄ervice」。所以在開始銷售前，最應先想到的就是服務，因為服務好自然就能獲得金錢，所以服務與金錢報酬兩者是成正比的。

霍金斯說，多數人選擇成為業務員是為了賺大錢，然而財富是緊跟著服務之後而來，有好的服務才會有業績表現，最後才會帶來金錢與財富。一個人不論學歷有多高，長相多麼英俊瀟灑、多麼美麗大方，都不容易讓他（她）成功，唯有服務才是成功的基礎。許多消費者在購買一項產品時，除了買產品本身外，也在購買業務員的信任、熱忱、親切及售後服務。有好的服務，產品的附加價值才能相對提升，自然有助於產品的銷售。

近年來，便利超商如雨後春筍的開店，所提供的服務項目愈來愈多，可謂包羅萬象，除了供應日用品百貨、賣便當、賣書報雜誌、賣咖啡、賣麵包、賣演唱會門票外，還代收停車費、銀行信用卡帳單、水電費、學費、高鐵車票、傳真，以及寄送包裹等，讓消費者真正感受到便利商店的超級便利，因而生活中不能沒有便利商店。便利商店也因為服務項目愈多、服務的對象愈多，營業額也跟著水漲船高。簡單來說：「服務愈多，收入就愈高。」

服務愈好，服務項目愈多，服務的人群愈多，金錢收入愈多，「有服務斯有財」，確實是企業、學校或銷售人員應信守的黃金定律，也是各行各業事業經營成功的關鍵。

④④ 自我行銷

　　在現代的社會生活中，各行各業競爭相當激烈，一個人如果不懂得如何行銷自己，即使自己擁有多高尚的品格與多大的才能，別人也無從了解，最後只好感嘆懷才不遇。反之，一個人如果懂得如何推銷自己，才能夠在社會中脫穎而出，成為大贏家。自我行銷除了可以運用在職場上，也可以運用於日常生活或學校生活之中，使自己的人際關係加分，這是一個很重要的課題。尤其是自己創業的人，需要自我行銷以拓展客源，這樣創業才容易成功。

　　一個人該如何有效的自我行銷？日常生活的言行舉止、待人接物的態度、穿著與服裝儀容，都在做無形的自我行銷。此外，自我行銷最快的方法，就是爭取在各種媒體曝光的機會，例如：接受電視節目、平面媒體新聞記者，或廣播節目主持人的專訪，或在報章雜誌上發表文章。而上班族自我行銷最好以長官為對象，在自我行銷之前最好先做好準備，想要表達的重點牢記在心，把握與長官見面的機會做自我行銷，以取得長官的信任及肯定。不過，在自我行銷的時候不要忘記讚美長官，一定有加分效果，因為「禮多人不怪」。

　　如果沒有機會透過大眾媒體來推銷自己，在你平常工作中要給人正向的感覺，對人要有禮貌，談話內容要表現出對未來充滿希望，有熱情、有夢想，不要讓人覺得你很悲觀，不要隨意批評別人，盡量維持笑臉迎人。另外，在自我行銷時要使別人留下美好印象，要與人有良好溝通，首先要學會傾聽，了解對方的需求。在傾聽之後回應他人時，要「尊重對方」、「肯定對方」、「讚美對方」，千萬別太過於主觀，否則會有反效果。在自我行銷過程中，不要過度行銷，以免使他人產生反感。

　　自我行銷常使用自我介紹，在自我介紹的時候，可以簡單提到自己的家

庭、學歷、年齡、興趣、專長、理想抱負、經歷等方面，要表現有自信獲得對方的信賴，如此才能讓自己推銷成功。自我介紹的注意事項如下：

1. 穿著讓人感覺乾淨舒爽。

2. 在適當的場合自我介紹。

3. 自我介紹時要簡潔、語氣要自然、眼睛注視對方、語音要清晰宏亮，要大方有禮。

4. 自我介紹盡可能節省時間，大約以三分鐘左右為宜。為了節省時間，可以利用名片或介紹信加以輔助。

5. 態度要自然、誠懇、友善、親切、隨和、面帶微笑。

6. 不只說明「自己做過什麼事」，還要說明「自己能做什麼事」。

7. 自我介紹不要花太多時間，要保持風度並注意對方的反應，給對方留下好印象。

8. 讓對方感受到你雖年輕卻很穩重，是一個很能發揮創意卻又能遵守規定的人，也是一個很積極上進的人。

45 做事要用心

在這個瞬息萬變的社會裡，一個人要想脫穎而出，做人做事就一定要很用心，才能充分掌握住消費者的心理需求，如此就可以「投其所好，避其所惡」，甚至攏絡人心，進而達成自己的目標與願望。卡內基曾說：「如果你能從別人的角度多想想，你就不難找到處理問題的方法。」

一個人要能夠順利獲得別人的幫助，就必須先從洞察人心下功夫，唯有揣摩出對方的心理，才能夠運用策略讓他信服你，甘願為你效命。由此可知，心是一切之源，只要你肯處處用心，就不必事事操心，而且能夠事事順心如意。

傳說中，有一個大富翁生了三個兒子，他生前擁有 17 匹馬，在他年老即將過世之前，立下一個遺囑：「這 17 匹馬，老大可以分到二分之一，老二可以分到三分之一，老么可以分到九分之一。」有一天這個大富翁重病不幸過世，在家人辦理後事之後，三個兒子為了如何分這 17 匹馬而爭吵不休，因為按照遺囑是無法來分配這些馬匹的。

就在三個兄弟爭財產即將撕破臉的時候，大舅子聞訊立即趕過來主持公道。大舅子說：「不要吵架，我家裡有一匹馬加進來讓你們來分配。」這樣總共 18 匹馬，於是老大可以分到 9 匹馬，老二分到 6 匹馬，老么分到 2 匹馬，合計也是 17 匹馬，這個問題就順利解決了。最後大舅子把他的那一匹馬牽回去，他也沒有任何損失，可以說皆大歡喜。由此可見，大舅子解決問題真是用心。

日本有些觀光景點的休息站，女性洗手間內有小男孩的小便斗，這樣媽媽上洗手間時，就可以順便帶小男孩進去方便，由此可見他們的用心。有一家公司在年終贈送員工禮物時，發給每一個人一把刮鬍刀，這樣的主辦者真不用心，因為女性員工自己用不到刮鬍刀，就不容易對女性員工產生獎勵效

果；另外，有一家飲料公司，年終贈送員工的禮物，是發給每個人自己公司的飲料兩罐，員工拿到這項禮物也不會覺得高興，因為他們每天看這些飲料都看膩了，對於提升工作效率可以說毫無幫助。日本有些公園裡面有一整排鐵孔蓋，萬一發生大地震時，災民在公園搭起帳蓬，鐵孔蓋移走就可以當廁所使用，可見日本政府辦事情的用心。

台灣中部有一家百貨公司，在午餐與晚餐之間，會由服務人員推著餐車，看到顧客就奉上一杯茶，幫顧客解渴，以便顧客願意繼續選購物品，該公司的服務就真的很用心。

剛踏出社會的年輕人，有很多職業選擇的機會，任何工作有興趣都可以去嘗試，但在嘗試過兩、三件事情之後，最好就必須安定下來。有些年輕人雖然已經有了工作，但是工作不認真，遇到挫折就想換工作；不斷換工作的人到後來很容易一事無成，因為「滾石不生苔」。

世界超級富豪比爾・蓋茲（Bill Gates）認為：「用心是成就的關鍵，不論你有多少能力，只有專心投入、全力以赴、始終如一，才能創造出非凡的成就。」

46 以成功的人為典範

　　學習成功者對事情的思考模式，我們就比較容易成功。俗語說：「見賢思齊，見不賢而內自省」，在我們生活的周遭，就有一些人的言行舉止可以當我們的典範，值得我們效法學習，例如：長官、老師、長輩、朋友等，在人生閱歷上，總有一些值得我們學習的地方；班上模範生、傑出校友、著名企業家、慈善家、宗教家、教育家、哲學家、醫學家、科學家、藝術家等，他們的行事風格，為人處世的態度，都有許多值得我們效法與學習的地方。誠如孔子說：「三人行必有我師焉。」

　　筆者有許多學生在中小學擔任校長，根據個人的觀察，他們大都溫文儒雅，肯向老師或同學請教問題，肯虛心學習他人的優點。一個人如果具有見賢思齊，輸人不輸陣的心理，就容易力爭上游，邁向成功之路。

　　俗語說：「物以類聚」、「惺惺相惜」、「近朱者赤」，年齡、種族、宗教信仰、人格特質、教育程度、社會地位、興趣、嗜好、態度、價值觀等相似的人，容易彼此相互吸引。在眾多相似性的條件中，態度相似性是受人歡迎的重要因素。一般人都有排除異己的心態，如果部屬跟上司唱反調，就不容易得到長官的歡心。

　　如果你想成為公司董事長、總經理、學校校長，那麼在日常生活上的穿著、言談、做事態度、人際關係、思想觀念等方面，最好學習他們，跟他們一樣，例如：打領帶、穿皮鞋、講話有條有理、幽默風趣、做事認真負責、有前瞻性、追求卓越、人脈廣闊、服從長官、創新等。如果在公司遴選高級主管之前，你在遴選委員心目中早已留有良好印象，自然就比其他人更有機會被提拔。

　　如果你想成功，就要跟成功的人學習，因為成功的人就是跟你不一樣。假如機構中的某個員工，天天穿球鞋、著紅色襪子、頭髮披肩、抽菸、嚼檳

榔、講話沒道理、做事敷衍塞責、應付了事、不懂禮貌、沒有朋友、不服從長官領導，這樣的人會有機會當主管嗎？

　　如果你想要富有，你可以學習富人的思考模式與生活態度。有錢人大都具有冒險性格，人際關係良好、精打細算、節儉、刻苦耐勞、有節約儲蓄的習慣，例如：在景氣蕭條，大眾產生心理恐懼的時候，選擇適當投資標的績優股票大量買進；反之，在景氣很好，社會大眾產生心理喜悅的時候，就大量拋售手中持有的股票，這樣就很容易致富。

　　學生在學期間接受許多教師教導，每一個老師的為人處世、行事風格各有不同，所以學生不要對老師存有偏見；天下沒有一個完美的人，老師也不例外，學生只要虛心學習每一位老師的優點，就比較容易成功。

47 從基層做起

　　有人問台塑公司的前董事長王永慶：「成功最重要的條件是什麼？」他回答說：「刻苦耐勞，從基層做起。」因此在台塑招考員工時，即使是大專畢業的新進人員，都必須接受為期六個月的輪班訓練，這就是要養成他們有「學徒的性格」。凡是所有受訓的人員，都必須從操作、打包、搬運、保養、推銷等最基層的工作做起，這一切無非是要訓練他們吃苦耐勞的精神，並且培養堅強的實力基礎，要他們做一個好的「學徒」。可見，一個人只要肯腳踏實地的從基層做起，學徒也能成為大老闆。

　　業務員或推銷員的應徵進入門檻很低，幾乎沒有學歷或年齡的限制，而且工作時間很自由，但也是讓人快速致富的跳板。根據統計，年薪 200 萬元的上班族，有七成都是業務出身，更有六成的成功人士曾有業務經驗，例如：優秀的保險業務員，年薪 500 萬元不是夢。

　　業務員能打破固定薪水限制和學歷文憑的窠臼，並且是快速累積人脈、財富、經驗的職務；換句話說，業務不怕沒事做，就怕你不做。對於缺乏家庭背景、學歷低，卻亟需有收入的職場弱勢者來說，往往是展現自己能力的機會。全世界有六成以上的成功企業家都是業務出身，遠雄集團趙藤雄董事長、前台塑集團總裁王永慶，以及鴻海集團郭台銘董事長，他們都曾親自站上火線擔任銷售業務員。

　　中國自古以來就有「學徒」的制度，學徒制度為社會造就了許多人才，所以過去的父母教育兒女，都要兒女先有「學徒」的性格。所謂學徒的性格，就是要能吃苦耐勞，要能經得起主管的教導、斥責；所謂不經一番寒徹骨，焉得梅花撲鼻香？

　　一個年輕人初入社會，當他還在學徒的階段，父母都會鼓勵他，要能「吃得苦中苦，方為人上人」；不當「學徒」，不能忍耐，不能受苦，他日

如何能夠「出師」呢？

　　美國總統胡佛也是苦學出身。當他從大學礦物系畢業後，自願先從採礦工人做起，他認為這是從工作中汲取實際經驗的最好方法。後來果真以他豐富的經驗與上進心，一路受到主管賞識，最終不但自創國際礦業公司，甚至累積多年的聲望而被選為總統。

　　一間房子要蓋得好，地基要穩固；一個運動員球要打得好，基本動作要純熟；台灣俗諺說：「人若願意當牛，不怕沒犁可以拖」，一個人要成功，可以從基層做起，要能吃苦、能耐勞、能任勞任怨，吃得苦中苦，方為人上人。所以，無論做什麼事，能從「學徒」做起，才能紮穩根基，進而立於不敗之地。

48 上班族也能出頭天

　　許多上班族被戲稱為窮忙族，在工作上認真打拚幾十年，為什麼職位仍然無法晉升？有些同事年資比你淺，學歷也比你低，但是為什麼晉升比你快？甚至成為自己的頂頭上司？為何總是覺得自己懷才不遇？如何才能夠獲得上司的賞識或提拔？以下幾點可供讀者參考：

　　1. 不要搶上司的風頭，把功勞歸給上司，通常上司會感念在心。

　　2. 不要鋒芒畢露，盡量保持低調，以免惹來他人嫉妒。

　　3. 要服從主管領導，在危機的時候要效忠老闆，此時板蕩識忠臣。

　　4. 以真誠的心對待所有同事，與人和睦相處。

　　5. 以負責的心做好份內的每一件事，不要推託責任。

　　6. 樂於向老同事請教，請他們傳承經驗。

　　7. 對新同事提供善意的幫助，不要打壓他們。

　　8. 以謙虛的心檢討自己的過錯，勇於改變自己。

　　9. 不要一直抱怨，要用喜悅的心欣賞周遭的事物。

　10. 要不斷自我充實，把握機會在職進修。

　11. 不要比主管先下班。

　12. 要虛心接受主管的建言。

　13. 不要動不動就說要辭職，以免弄假成真。

　14. 在背後讚美主管，比在主管面前讚美更有效。

　15. 要善意對待每一個同事。

　　如果你只有對直屬長官好，有一天他下台，你就很難被提拔。如果你跟每一位長官都相處很好，哪天一位長官下台了，另一個長官上台，你還有可能被提拔，在職場上就可以成為不倒翁。不少上班族都有「吃一行，怨一

行」的心理，總是認為自己的工作不好，於是產生想要跳槽或轉行的念頭。可是跳槽或轉行，不是說想跳就跳，想轉就轉，而是需要先做好各種準備，特別是轉行，就更要有充分的準備才容易成功，如果準備不夠，就無法達成目標，甚至失業或擔誤職業生涯發展。

上班族因為每個月有固定收入，所以用剩下的錢大都存下來，在投資理財方面變成很保守，這樣只能求得一家溫飽，要想累積驚人的財富，就是一件非常困難的事。有時積蓄趕不上通貨膨脹的速度，何況許多上班族的工作不穩定，不景氣時就可能被裁員，平時常常要無薪加班，所以上班族才會被稱為窮忙族。

許多投資理財致富成功者，他們的關鍵是「耐心」與「勇氣」這兩大因素。事實上，在股票市場裡要想賺大錢，也不是想像中的困難。有一位股票大亨平時很少看盤、也不花太多時間研究股票，在每次股價大跌的時候就大量買進績優股，績優股大約跌三分之一的價錢，就是買進的時機。換句話說，就是低買高賣，讓自己的財富在短短幾年內漲了好幾倍。低買就如同百貨公司在打折的時候，出現價廉物美的價格，此時就是購物的好時機。

股市不管如何變動，股價總是會有幾次回到與其基本面相對應的價格，那個最平均合理的價格通常就是在三年線或五年線的位置。以股市專業術語來說，稱之為負乖離率，例如：三年線負乖離率達 18%（比三年線價格低 18%）的股價，就出現長期投資價值，這個時候可以把資金分幾批買入產業龍頭股，或擁有自有品牌、董監持股比率高的績優股。

在空頭市場來臨時，股價跌幅往往超過三年線以下的 15%，甚至 45%，因此在低接股票時，切記謹守一個原則：不要追高殺低，否則未來極可能賠得更慘。股價波動不是常態，超漲或超跌更常發生！許多投資人只會買股票，不會賣股票，結果總是賠很大。因此，當股價站上三年線以上就開始分批賣出，可以享受多頭時的超漲利潤。此外，購買股票最穩健的作法就是在股價很低的時候，買進如「台灣 50」證券投資信託基金之類的標的，比較可以避險，因為投資任何一家公司的股票總是有風險的。

除了股票之外，購買黃金、外幣、基金，需長期觀察記錄其價錢的變

化，然後審慎選擇進場或出場時機。假設最近八年來，1元澳幣最高兌換新台幣31元，1元澳幣最低兌換新台幣23元，如現在1元澳幣兌換新台幣24元，就可以少量買進澳幣，假設買進之後又下跌，則跌愈多就買愈多；反之，買進之後上漲，則漲愈多就賣愈多。不過，購買外幣必須考慮外匯匯率的損益。

　　上班族每一個月有穩定收入，可以在扣除必要生活費之外，將省下來的錢累積到一定金額，就貸款買房子，即使現在已經有房子，也是可以換大一點的房子或再購買第二間，中古屋也沒關係。由於都市人口多，房子比鄉下漲價幅度較大，所以建議上班族購買都市靠近捷運的房子，比較有投資利潤。如果薪水低，省下來的錢不多，可以在黃金價格低的時候買進；反之，在黃金價錢高的時候賣出，久而久之也可以擁有可觀的財富。

49 把握時間

　　俗語說：「青春年華，稍縱即逝；少小不努力，老大徒傷悲。」大家平常不太會感覺時間的可貴，但在台灣 921 大地震時，許多人立即感受到人生無常，覺得如果能多活一下該有多好。我們都聽過：「一寸光陰一寸金，寸金難買寸光陰」，時間一轉眼就溜過去，時間一過去就永遠不復返。

　　光陰似箭，歲月如梭，天下不論再怎麼有錢有勢的人，都無法避免時間的流逝。時間一分一秒不停的過去，任何人都無法阻擋；時間對每一個人來講是最公平的，因為每一個人的一天都是 24 小時。「我們度盡的年歲好像一聲嘆息。我們一生的年日是 70 歲，若是強壯可到 80 歲；但其中所矜誇的，不過是勞苦、愁煩，轉眼成空，我們便如飛而去」（詩篇 90：9-10）。

　　一個人即使能活到 100 歲，也不可能超越 40,000 天。由此可見，人生非常短暫，稍縱即逝。何況目前台灣男性平均壽命不到 80 歲，如果能活到 80 歲，也只有 29,200 天。一個人要賺五萬元並不難，但是要活五萬天是不可能的；時間無法用金錢來衡量，時間是無價的，值得我們珍惜。

　　人的一生扣除嬰幼兒、兒童、老年等階段，從大學畢業到退休的工作時間，大約是 40 年，一天 24 小時扣除睡覺、吃飯、運動、交通、休息的時間，真正能運用的時間大約只有 8 小時。所以我們要把握時間，因為時間就是金錢，隨時要與時間賽跑，時間是無價之寶。許多學生平時都沒有把握住時間，到了考試才勉強看書；漫長的寒暑假，很少學生會把握時間蒐集資料或準備功課，將來升學或就業考試，就不容易有好的成績。

　　不少人每天看電視新聞大約花一小時，如果改看網路新聞大約不到十分鐘，就可以把省下來的時間去做別的事情。許多學生在漫長的寒暑假中，幾乎都不看書，把珍貴的時間浪費掉。俗諺說：「勤有功、戲無益」，台灣民間有一句俗語：「細漢不會想，大漢不像樣」，筆者讀小學時的王順老師送

給我的畢業贈言：「三更燈火，五更雞，正是男兒立志時，少年不知勤學早，白頭方悔，讀書遲」，這句話實在值得年輕人警惕。到底要如何把握時間？請參考以下名言：

1. 不要為已消盡之年華嘆息，必須正視匆匆溜走的時光（布萊希特）。
2. 放棄時間的人，時間也放棄他（莎士比亞）。
3. 把活著的每一天，看作生命的最後一天（海倫‧凱勒）。
4. 普通人只想到如何度過時間，有才能的人設法利用時間（叔本華）。
5. 只要我們能善用時間，就永遠不愁時間不夠用（歌德）。
6. 盛年不重來，一日難再晨，及時宜自勉，歲月不待人（陶淵明）。

50 有充分準備就容易成功

禮記中庸說：「凡事豫則立，不豫則廢」，也就是告訴我們，做任何事之前應有明確的目標與充分準備，才不會臨陣出差錯。為人處世如果能遵循這個原則，就可減少許多失敗的機會，進而避免時間的浪費；反之，平時沒有充分準備，事到臨頭的時候才臨時抱佛腳，當然就很難成功。

一個人在人生旅程中，如果沒有訂下人生的目標，這種人通常只有平庸過一生而已；反之，如果訂下人生的目標之後，努力朝向目標邁進，就可能實踐人生的偉大夢想。可是，雖然心中有個偉大目標，但是缺乏充分準備，就容易功敗垂成，無法實現這個目標。簡單來說，如果想要達成自己人生的願望，就必須要有充分準備，例如：要考高中、大學、研究所、高等考試或就業考試，必須要有充分準備、努力念書，如果到了考試前一個星期才開始準備，這樣通常很難通過。

成功的人通常先寫下人生的目標以及達成的步驟，然後按部就班去實踐，在實踐遠大目標的過程中，如果遭遇到困難問題時，可以冷靜思考問題的癥結所在，找出解決問題的方法。假設遭遇到的困難問題仍然百思不解、無法突破，最好徵詢專家、學者、長輩、老師的意見。

為什麼有不少高學歷的人，在企業中無法被重用？這是因為公司有任何提拔人才或升遷的機會時，都會留給隨時做好準備的員工，而不是高學歷的員工。如果上班的時候不專心於工作，而在忙著注意股票交易的訊息，主管突然交辦一項任務，沒有做好準備就不容易把工作做好。

就好比，如果平時有做好防災準備，例如：預防大地震所造成的災難，要準備地震包，內有手電筒、乾電池、刀子、手機、礦泉水、繩子、乾糧、身分證件、哨子、禦寒衣物、急救藥品、一些現金等物件，這樣遇到大地震時，存活下來的機會就很大。

51 合作力量大

俗語說：「一箭易折，十箭難斷」，大家都知道，「勢單力薄」、「眾志成城」，單打獨鬥很難成就大事業。一個人不論他有多高的聰明才幹，身體有多強壯，即使每天都不睡覺，也不可能成為超人。簡單來說，要成就大事業，需要許多人的協助或通力合作。

世界上有偉大成就的人，大都不是孤軍奮戰者，因為他們知道個人的能力非常有限，天下沒有哪一個人有三頭六臂，不論有再強大的能力，也是相當微弱的。俗語說：「好漢也要三個幫」、「人外有人，天外有天」，唯有善於借助外力幫助的人，才能成大功、立大業。

有一個年輕人每個月薪水 5 萬元，如果想要購買一間 8,000 萬元的豪宅，實在很不容易，甚至一輩子都不可能。可是如果聯合八位朋友，每一個人出資 1,000 萬元，總共湊成 8,000 萬元，就可以買下這一間豪宅。這間昂貴的高級豪宅，經轉售之後也許可以賺得 1,000 萬元，這樣平分之後每個人還淨賺 125 萬元，這 125 萬元就超過他 20 個月的薪水。目前流行的網路團體購物，就是透過許多同事合資購買，而獲得打折的優惠，也是同樣道理。

不過，如果要與親戚或朋友合夥做生意或投資理財，就必須相當謹慎。因為每個人的性格、家庭經濟條件、價值觀、理財方式都不相同，除非自己有時間去參與做生意或投資理財的整個過程，否則很容易意見不合、拆夥、吃大虧，甚至不歡而散或反目成仇。

假設有兩個應徵工作者，一個能與人合作，但不是很聰明，另一個人很聰明，但不能與人合作。一般公司老闆在進用新人做選擇時，大都會錄用可以跟別人合作的人，而不用絕頂聰明的人。因為絕頂聰明的人容易自以為是，心中無神、目中無人、我行我素，與別人格格不入，或者不服從長官的領導，甚至興風作浪或杯葛主管，進而影響團隊的工作績效。由此可見，能

與人合作比聰明更重要。

　　許多大學生閱讀英文書籍常要花很多時間，即使看翻譯的書籍也常有一知半解的情形，如果能利用小組分工合作的方式，就可以達到事半功倍的效果，例如：期中考試要考第一至第六章，以六個人為一組，每一個同學分配一章加以精讀，在仔細閱讀之後將原文翻譯出來，然後影印分給其他同學，而且每一個人都要對其他同學做心得分享報告，透過這樣分工合作的方式，就可以節省許多寶貴時間，同時能達到共同提升學習的效果。

52 如何創業成功？

　　據說以前有一位青年住在台北新店，很想開創一番事業。他心想台灣塑膠公司董事長王永慶也是新店人，而王永慶只有小學畢業，他是高中畢業，學歷比王永慶高，所以應該更可以創業成功。這位青年想到要創業成功必須要有堅強的鬥志，於是他每天對著牆壁大聲喊：「我會發財！我會成功！」這樣經過幾個月之後，仍然一事無成。雖然創業要有堅強的意志力，但更重要的是還需要有資金、能力、管理技術、良好的人際關係、機會等因素來配合。

　　大家都知道創業維艱，但是創業成功的果實卻是甜美的。因為創業成功之後，不僅自己的目標達成，後代子孫更可以永續傳承事業，不必再為了生活、工作而傷腦筋。在民主國家裡，如果你當總統、副總統、行政院院長、各部會首長，這些大位都不可能讓孩子來承接；如果你當醫師、教授、建築師、會計師、律師、教師，你的文憑、執照或證照，也不可能交給孩子使用。

　　在工作難找的今天，自己做老闆不必看別人臉色，是很多失業者或青年人的夢想。雖然創業風險大，但是創業成功自己當老闆，比較自由而且有機會賺大錢、大富大貴。但是這幾年來，台灣有許多中年人創業失敗的例子，為何會有這樣的結果？通常是因為創業者只會一窩蜂跟著別人開同樣性質的店，例如：蛋塔剛上市生意很好，於是很多人跟著作同樣生意，後來根本沒有多少利潤。簡單來說，跟別人走就不容易創業成功。

　　如何創業才能成功？每一個想創業的人都想要「成功」，但是只憑著一股熱情與希望去創業，大多數最後都是失敗的，為何會這樣？因為想要創業成功，除了懂得自我行銷與管理之外，至少要有以下四個基本條件：

　　1. 本行：對自己想創業的行業要有相當的認識與了解，包括：該行業的

基本專業知識、上下游、成本、客戶、行銷、管理、利潤、風險等。創業者最好是從事過該行業，從該行業發現有何創業的契機。

2. **本錢**：創業者先要擁有足夠的資金，因為沒錢辦不了事。缺乏資金但想創業的人，可以向銀行申請創業貸款。行政院青年輔導委員會，為協助創業青年開創事業資金之融通，也有提供「青年創業貸款」政府利息補助措施；經濟部中小企業處「微型企業創業貸款」，也有協助中高齡失業者創業的辦法。另外，也可以找有錢人投資。

3. **本事**：本事就是創業者本身要有「管理」事業的本領。設計一個好的管理章程或辦法，比如何去行銷產品更重要。行政院勞工委員會提供「創業諮詢輔導」，在各就業服務中心也會舉辦創業說明會及研習會，提供最新的創業資訊，增進創業者的管理能力。

4. **本人**：創業者一定要本人去參與經營，不要大小事都交給別人去經營管理，否則容易被他人「吃掉」。此外，創業是否能成功，與創業者本人的特質，有著相當密切的關係。創業成功者大多具有以下幾個特質：擅長組織運作、有堅強的毅力、思考敏銳、樂觀積極進取、抉擇果斷、良好的人際關係及溝通技巧、善於把握機會及創造機會、有事業企圖心、隨時保持高度的危機意識。

在目前的社會環境下，到底有什麼領域值得創業呢？以下幾點淺見供參考：

1. 到新開發大樓林立地區，找尋室內空間在35坪以上的角店，開一間超商。

2. 因應人口老化，許多老人需人照顧，可以開辦托老或長期照護中心。

3. 找尋先進國家已經很熱賣的商品，當代理進口商。

4. 找到合適的店面，加盟成為知名的連鎖店。

5. 將價值便宜且容易取得的東西，加工成為高價值商品，例如：把鳳梨製成鳳梨酥。

6. 利用網路團購，將商品低價大量快速行銷。

7. 將目前市面上的商品改良成為多功能用途，例如：手錶也可以改良當成計步器、溫度計、上網或血壓計。

8. 把現有的商店，拓展成連鎖店。

9. 將目前市面上商品的缺點改良，例如：台灣北部地區冬天經常下雨，騎機車穿雨衣不方便，可以把機車改良成為擋風雨的交通工具。

10. 開發新商品，例如：香蕉蓮霧冰、蕃茄冰、自動除草機、自動理髮機、生長出黑髮的食品或藥物。

11. 向台糖或教育部租地，例如：開加油站、開闢觀光遊憩景點。

12. 開發以電腦代替醫師的健診軟體。

53 肯吃苦是成功的重要因素

　　許多大企業家都是出生於貧困的家庭，他們在人生旅途中經過千錘百鍊，做事用心、細心、耐心、企圖心，待人誠心、對自己有自信心、失敗不灰心，其中肯吃苦是成功的重要關鍵，例如：統一企業集團董事長高清愿先生，幼年家境貧困，13歲小學畢業後便到台南市安南海邊的一家編織草鞋店鋪當童工。一路轉行當過海軍兵工廠機器維修工人、賣冰棒、當布行學徒、當業務經理。到了38歲那年轉業，由紡織業轉至食品業，發展到今日成為坐擁年營業額超過3,000億元的大企業家。

　　他說，現代的年輕人不僅聰明、學歷高、家境好，比起他那個年代的人不知好多少倍，可惜許多年輕人太過於功利現實、追求名位，做事要求高薪，稍有不如意就拂袖而去。他強調自己是生長在一個「人求事」的年代，當時只要能找到一份工作，就是一大喜事，因此，無論是在草鞋店當童工、軍機修護廠當工人，乃至新和興布行當學徒，始終保持敬業樂群的工作態度。

　　他每天工作都超過12個小時，無論老闆要求再嚴格，工作時間再長、再怎麼辛苦，從沒有抱怨的想法，也就是肯做事、任勞任怨、不計較付出的工作態度，奠定了後來事業發展的基石。高清愿先生說：「每個人都希望在企業機構內能擔任要職」，他認為一個人想在人群中脫穎而出，先決條件就是要讓老闆發現你是一塊金，禁得起火鍊，最好的表現機會，就是勇於去做一般人不願意去做，甚至避之唯恐不及的工作；大家做不好，只有你做得好，這樣能力的高低，就可以分出高下。

　　此外，還要敢衝、敢闖、求新、求變，不安於現狀，能吃得苦中苦，方為人上人，也才能成就大事業。他說三十多年前，他若只安於台南紡織業務經理的位子，今天充其量不過是個公司的高階主管而已，根本不可能有今天

統一集團的規模。簡單來說，上級主管要你做事，除非要你做違法的事情，否則不要拒絕或推給別人，而要認為這正是給自己表現的好機會。這也就是「寧可辛苦一陣子，才不會辛苦一輩子」的道理。

現代許多年輕人，從小在父母呵護之下，過慣了無憂無慮的日子，只要讀書，其他事情都由父母操勞，於是很容易產生享福的念頭，不知道創業成功的艱辛歷程，當到了享福的盡頭，就是貧困的開始，將來遇到挫折，就很容易退縮、不知所措，如果不幸有一天遭遇到天災地變、戰爭，所有家當都毀了，他們還能夠浴火重生嗎？值得現代許多年輕人深思。

54 領導能力不是天生的

　　領導能力是成就大事業的重要因素，大事業家通常需要有一群優秀的團隊，因為靠個人單打獨鬥不容易成功。然而一群優秀的團隊，是由許多成員所組成，這些成員有不同的性別、個性、嗜好、性向、價值觀、態度、學經歷，領導者需要具有高超的領導技巧，才能夠使員工順服，邁向成功。雖然領導者大都有魁梧的身材，長相外貌不凡，個性外向、人際關係良好，難道一般人就無法成為成功的領導人嗎？其實領導是一種科學，也是一種藝術。每一位領導者的領導方式不盡相同，但是成功的領導者，至少要具有以下特徵：

1. **目標要明確**：成功的領導者應讓組織內的所有人員，充分了解組織的目標，以便大家產生共識，有共同努力的方向。

2. **用人唯才**：成功的領導者需要知人善任，而不是用一些聽話的奴才，或只用一些奉承的小人。

3. **分層負責**：當團體的組織愈龐大時，領導者必然無法事必躬親、凡事面面俱到，因此，應採用分工合作與分層負責，才能使組織正常運作。

4. **賞罰分明**：領導人物對部屬有功必賞、有過必罰，賞罰應做到公正、公平、公開與合理，賞罰辦法可以由全體成員參與討論而訂定。

5. **關懷部屬**：部屬的身心狀況，對工作績效有直接的影響。成功的領導者應視部屬如己出，關懷入微並且體諒部屬的辛勞。

6. **有效溝通**：領導者應藉著溝通增進成員的彼此了解，促進團結和諧，以及達成工作績效。近年來，電子通訊網路發達，使用這種溝通媒體者愈來愈多，有逐漸取代面對面溝通的趨勢。

7. **以身作則**：領導者要想順利執行政策，應以身作則成為部屬的表率，

才能收到上行下效的效果。

8. **自我充實**：領導者應不斷進修與自我充實，在領導過程中具有卓越的知能，才能使部屬口服心服。

9. **自我反省**：領導人物容易被小人包圍，甚至有時被心腹蒙在鼓裡而不自知。因此，領袖應充分了解自己的優缺點，聘用可以彌補自己弱點的屬下。有時可以透過問卷調查，深入了解團體成員的心聲，以作為改進領導方式的參考。

10. **為團體成員謀福利**：成功的領導者應努力為團體成員爭取最大的福祉，例如：讓員工都可以入股成為小股東，公司賺愈多，員工分到的紅利也愈多，這樣員工會更願意為公司效命。

11. **對部屬要有誠信**。

在經濟不景氣的氛圍中，許多公司因為收入大幅減少，所以大興裁員或減薪，員工的工作士氣低迷，這時老闆該如何激勵員工士氣？有一位企業董事長每一個星期發一封電子郵件感謝員工，請員工共體時艱，或每星期寫一封電子郵件給團隊成員，列出那個星期他們完成了什麼事。這麼做可以讓員工感覺被尊重與重視，因而願意努力為組織效力。

領導能力不是天生的，而是要經過學習與磨練的過程。學生可以先從擔任班級幹部、學生社團會長做起，或找機會當志工。領導者要學習先服侍人，學習耶穌幫 12 門徒洗腳的精神，而不是高高在上，不要以為自己有多厲害，這樣才能夠使眾人服從，讓別人願意為你效命。

比爾·蓋茲（Bill Gates）說過：成功的竅門只有三種方法：第一，為成功的人工作；第二，與成功的人合作；第三，找成功的人為你工作。為成功的人工作，要學習服從領導；與成功的人合作，要懂得競爭與合作；找成功的人為你工作，也要學會領導技巧。

55 大事業家的共同特質

　　許多人在小學就立下大志，將來要當科學家、醫師、律師、建築師、法官、會計師等，可是，長大之後能夠實現自己願望的人，可以說是微乎其微。一般來說，其中最主要的原因就是缺乏企圖心與大格局。以前台灣有一個保險業大亨，他投資致富的秘訣就是：「穩、準、狠！」也就是做好準備，且富有冒險精神；但是有很多人在事業上的冒險失敗，其主要原因就是沒有做好充分準備，或是做了錯誤的決定。

　　大多數軍、公、教人員或公司上班族，每一個月可以領到固定的薪水，因為有了穩定的收入，就很容易產生一種安於現狀的心理，於是缺乏雄心壯志的冒險精神。即使有些醫師、科學家、律師、法官、會計師，他們有優渥的收入，可是做到退休也只是小康而已，無法大富大貴，充其量也只能平凡過一生。

　　每年大學入學考試，台灣大學醫學系的榜首，幾乎都是台灣最聰明絕頂的一群人，但這些人後來很少成為大企業家、事業家。一個醫師一天能看七百個或一千個病人嗎？事實上不太可能，縱然能看一千個病人，他賺的錢還是非常有限。有人說：醫師可以救人一命，但是其他行業也是可以救人性命的。為什麼最聰明的人很少成為大企業家？其最主要的原因就是缺乏經營事業的企圖心。

　　企圖心就是要有冒險精神，雖然冒險不一定會成功，但是不冒險一定無法成就大事業，例如：台灣某大企業集團的董事長，本來是台中師範專科學校畢業，也當過許多年的國小教師，如果他沒有冒險犯難的精神，下定決心放棄教職從商，今天可能只是國小退休教師。

　　從事任何事業一定都要有強烈的企圖心，而且格局要大，因為格局會決定結局，要認為「別人可以做得到，我也可以啊！」要先壯大自己，才能讓

別人瞧得起。即使遭遇到失敗或挫折，也不可以半途而廢，一定要先分析自己遭遇到挫敗的原因，在找出原因之後，做好自我調適，並且找尋到再次出發的動力及方式，這就是自我成長與邁向成功的最好機會。如果做事有強烈的企圖心，但是沒有周詳的計畫與執行力，這樣也很難成就大事的。

　　長久以來，一般人都認為要變成很有錢的大富翁，是「以錢賺錢」最快，但其實更聰明更快的作法是請別人來幫你賺錢，例如：一家企業公司有員工 20 萬人，假設每一位員工平均每天幫老闆賺 500 元，這樣老闆每天就賺進 1 億元，一年就賺進 365 億元；反之，如果只靠一個人，再會賺也不可能賺這麼多。

人際關係篇

56 建立良好的人際關係

大家都知道人際關係的好壞，會影響一個人的家庭、婚姻、事業與前途，例如：有一位醫師醫術非常高明，可是他對每一位患者看診的時間不到三分鐘，也不主動追踪患者服藥之後病情是否改善，這樣來求診的患者人數會愈來愈多嗎？許多人平時與人保持距離，不願意跟人家打交道，但自我孤立就沒有辦法建立人脈。俗語說：「魚有魚群，鳥有鳥群，人有人群」，自我孤立無法得到他人的支持，不但不會成功，而且容易導致沮喪、憂鬱。卡內基曾說過：「一個成功的人，15%靠個人的專業技術，另外85%則要靠個人的人際處理能力。」美國羅斯福總統說：「成功公式中，最重要的一項因素是與人相處。」美國知名企業家洛克斐勒說：「我付高薪給善於處理人際關係的人。」台積電董事長張忠謀說：「溝通可以使個人能力充分發揮出來。」簡言之，人際關係是個人成功的主要因素。

許多人認為：「我沒有什麼人脈，又不認識什麼達官顯貴，難怪我不會成功。」其實，貴人每天不斷出現在你我的身邊，只看你是否用心發覺與經營。請記住，成功的人都是需要許多人的幫助，所以要讓自己成為一個擅於經營、整合人脈資源的人。

大部分的人在人際互動上都是處於被動的，有些人只在有利害關係時，才會主動與他人接觸，這樣對方會認為你是一個很現實的人，於是就無法維繫穩固而長久的人際關係。

一個人想要有良好的人際關係，平時應把握機會多與他人互動，從認識到逐漸熟識，然後由熟識進而成為夥伴。人際關係要靠平時用心經營，如果事到臨頭再去拜託人家幫忙，通常不會有好的效果。有時透過介紹人的幫助或引進，而認識更多人，如果經由介紹人而與他人互動成功時，要記得去感謝他，以後你有事情需要他幫忙時，他才會願意引進更多的人脈給你。

　　一個人想要建立良好的人際關係，讓自己成為到處受歡迎的人，宜把握以下原則：

　　1. 要記得別人的姓名。

　　2. 要時常保持笑容，微笑是最便宜的投資。

　　3. 要多說一些肯定他人的話，例如：有你真好、你好棒喔！

　　4. 講話的主題、內容，是對方感興趣的。

　　5. 要與人保持禮尚往來。

　　6. 要以誠待人、處世圓融。

　　7. 要有基本的禮貌，例如常說：「請、謝謝、對不起」。

　　8. 講話要幽默風趣。

　　9. 平時多關心、幫助他人。

　10. 多尊重與接納他人。

　11. 平時要廣結善緣，事到臨頭才去拜託別人，會來不及的。

　12. 對他人提供善意的幫助，幫助他人其實也是幫助自己。

　13. 如果別人得罪您，要了解原因，並且饒恕他。

　14. 講中聽的話，例如：您令人激賞、才情橫溢、精力充沛、不同凡響、有你真好。

　　人際溝通至少有以下技巧：「一要」、「三不要」──要「我好，你也好」，不要「我好，你不好」、「你好，我不好」、「我不好，你也不好」。此外，存好心、說好話、做好事；不比較、不計較、不自誇；多微笑、多禮讓、多讚美，也有助於建立良好的人際關係。

57 使人順從的技巧

要使別人順從我們的意見，是一件很不容易的事。提供幾個技巧如下：

1. **得寸進尺策略**：這種策略就是勸別人接受我們所提出的要求，以後當我們提出更多或更大的要求時，對方為了維持自己樂於助人的形象，比較容易答應我們再提出的要求，也就是一種得寸進尺策略，例如：每年舉辦好人好事表揚大會，好人代表以後就無形中默默行善。

2. **退而求其次策略**：這種策略就是先向對方提出一項要求，當被拒絕之後再提出較小的要求，對方會覺得不好意思，因而順從我們的要求。

3. **正當性策略**：如果我們提出的理由很具有正當性，就容易使對方順從我們的要求，例如：前面有人排隊要上廁所，這時有人說：「我的肚子痛得要命，可不可以讓我先上？」於是我們會很容易順從對方的請求，讓肚子痛的人先上廁所。

4. **互補策略**：如果我們先送對方一些東西，然後要求對方以一些東西作回報，對方就容易順從我們的要求，例如：學校捐款給家境清寒的學生，如要求他們以後賺錢要回饋母校，這些學生較容易順從要求。

5. **低價策略**：當我們對別人提出物品低價或優惠價格，別人就容易順從我們的訴求去購買，例如：百貨公司週年慶折扣時，許多消費者就容易去購買低折扣的東西。

6. **希望無窮策略**：告訴顧客有買就有希望，使他人順從我們的訴求去購買，例如：某市長宣布花 3,000 元消費券來該城市買東西，就有機會抽得價值 5,000 萬元的豪宅，於是許多人就照著去做。

7. **稀有策略**：告訴顧客機會實在難得，於是別人就把握機會去購買，例如：某汽車商宣布：「這一款汽車原價 60 萬元，剩下這 1 台，只要 50 萬元就賣了！」於是許多人就搶著去購買。

58 自我肯定

每一個人在人生旅程中，都不太可能一帆風順，許多人在遭遇到挫折的時候，容易出現三種類型的行為。第一種是與人發生衝突，例如：鄰居的電視聲音太大，就去跟人家理論或抗議，如果自以為得理不饒人，有可能引起更大的衝突，嚴重者可能發生互毆、產生仇恨或發生命案，這樣以後就很難與鄰居和睦相處。

第二種是在遭遇到挫折的時候自我克制，把不愉快的事情埋在心裡默默忍受，這樣雖然不會引起衝突，但是長期自我壓抑的結果，容易產生身心疾病，例如：公寓頂樓的住戶在屋頂上養鴿子，其他住戶怕得罪人家不敢去理性溝通，長久之後可能感染疾病，甚至產生失眠。

第三種是在遭遇到挫折的時候，能自我肯定並與對方理性溝通，也就是把自己內心的感受，使用理性的態度去告訴對方，這是比較適當的作法，例如：鄰居的電視聲音太大時，理性的去跟鄰居說：「你們的電視聲音太大，我感覺很不舒服，拜託把電視關小聲一點好嗎？」通常鄰居會覺得理虧，自動把電視聲音關小一點。

又如，有一個人要到遠地去找朋友，但是對當地的道路不熟悉，於是到處繞來繞去，花很多時間也找不到。自我肯定的人在外地迷路，會主動去向路人或住家問路，這樣就能夠很快找到目的地了。

自我肯定其實不難，首先就是要對自己有信心，增強自信心最簡單的方法，就是要常常對自己說：「我真的很不錯！」一個人對自己的言行負責，自然就能受到別人的肯定。如果不能肯定自己，當然也不容易取得別人的肯定。我們常常聽到有人說：「請你不要侮辱我的人格」，這似乎是說，他的品格本來已經很完美，可是被他人侮辱之後就不完美了。其實，人人都應該坦誠承認自己的品格尚有許多問題，才能面對自己的缺點，改善自己的缺點。

　　一般人先要自我肯定，才能受人肯定；先對自己有信心，他人才會對你有信心；先要尊敬他人，才能得到他人的尊敬。不要自傲自大，要虛懷若谷；不要盛氣凌人，要尊上謙下。可是，對長輩、對能力強過自己的人，謙虛還容易，對晚輩、對不如你的人謙虛禮讓，就可不容易了。如果當你的孩子叛逆不聽話時，你是打他一頓、罵他一番？還是倒一杯茶給他？小孩子有叛逆的表現時，倒一杯茶給他，可能要比打罵更好。這就是自我尊重，敬人者人恆敬之。所以面對任何人的時候，一定要在心平氣和的態度下，尊重他、關懷他；在肯定他人、幫助他人的同時，也是肯定了自己。

　　一般公司員工或公家機關的職員，常會接到上級主管交代要做什麼事，遇到自己沒有做過或沒有把握的事情，如果立即跟上司說：「好！」能順利完成上級交代的任務、受到器重，就能一帆風順；反之，如果勉強接下這個案子，又沒有把事情順利完成，主管也許會說：「你沒有把握的事情，應該早一點講啊！」這樣會讓主管留下很不好的印象，也會使主管不高興，也就是說你沒誠信，跟主管的關係會變得很不好、不被信任，以後想要晉升就很難。

　　員工接到上級主管交代要做什麼事，如果自己沒有把握是否能做好，應該坦白向主管說：「這件事我沒有把握做好，但是我可以努力試試看。」或說：「這件事超過我的能力範圍，我無法達成任務。」如果主管還是希望由你來做，能順利完成任務最好，如果到時候自己沒有做好，不能完成任務，主管通常也能夠加以諒解，這樣你跟主管的關係才不會變差。簡單來說，沒把握的事不要隨便答應；但是，答應人家的事情，就必須言而有信，並全力以赴。

59 第一印象的重要性

第一印象是指，自己對他人的全部印象會受到優先接受到對方資訊的部分所影響，而產生先入為主的心理現象。一個人去找工作面試、相親或與異性朋友第一次約會，他給人家第一印象的好壞，就會影響結果是否成功。根據心理學家的研究發現，一個人與他人初次會面，45秒鐘內的第一印象是最重要的時刻。很多時候，成敗就在於能否吸引他人的目光，例如：一本書的封面不典雅，翻閱的人就不會太多；找工作面試時，漂亮的女性與英俊的男性，勝算就大大的增加。

筆者有一次應邀擔任國民小學校長遴選口試委員，有一位來應徵校長的男性主任，牙縫間呈褐色，好像嚼過檳榔；他穿了一雙球鞋可以見到紅色襪子。在他接受口試離席之後，有一位評審委員就說：「這個人看起來像工友，根本不像校長」，評分結果就很低。

底下一則故事，可以證明第一印象的重要性：

「小明在星期日早上，到一家便利商店購買文具用品，他到了商店先主動與店員打招呼，在商店裡遇見老朋友，小明主動與這位朋友交談。購物後，小明在回家路上遇到一名班上同學，他很親切地與這名同學交談，同時關心他的課業。當天下午，小明又到購物中心購物，在這家購物中心遇見兩位同學，小明靜待同學找他談話；在回家途中又遇到朋友，他不主動跟朋友交談，一邊喝飲料，一邊走回家。」

盧欽斯（Luchins, 1957）曾把這則故事，講給幾十名學生聽，結果78%的學生認為小明是外向活潑的。如果將這則故事前半段與後半段對調，結果只有18%的學生認為小明是活潑外向的。由此可知，受試者對小明的印象，受先入為主觀念的影響很大。

許多參加選舉的候選人最希望抽到1號，這樣可以使選民產生先入為主

的觀念；同理，應徵工作者應讓評審者產生良好的第一印象，這樣比較有被錄用的機會；未婚者給對方留下美好的第一印象，有助於愛情能否順利的發展。由此可見，你給別人的第一印象，決定了你一生的成敗，成功的第一筆籌碼是美好的第一印象，如果你新開一家飲食商店，顧客第一次來光顧，就覺得價錢太高、不夠衛生、味道不好、服務人員沒禮貌，以後他還會來消費嗎？一個人如何給對方留下美好的第一印象，得到人家的好感？除了個人天生的外貌長相之外，就是要懂得打扮，並且穿著合宜、主動與人打招呼、謙虛有禮、面帶微笑、談吐大方、言之有物。

60 有捨就有得

　　一般人總以為，「給人家」對自己就是損失，其實不然，例如：台灣有一家汽車產物保險公司，其年營業額超過 200 億元，在汽車產物保險公司中排名第一，其年營業額超過排名第二與第三的總和。根據一位從事汽車產物保險營業員表示，該公司對車禍受傷者的理賠金額很高，例如：機車騎士不慎撞上汽車而受傷住院，受傷者要求汽車駕駛賠 20 萬元，因為汽車駕駛有加保該公司 1,000 萬元任意險，該公司可以理賠受傷者 35 萬元，但如果是別家汽車產物保險公司，大約只願意理賠 15 萬元。

　　雖然這家公司比另外一家公司多理賠 20 萬元，表面上看起來好像吃虧，其實是賺更多。因為其理賠金額高、理賠速度快，肇事雙方對理賠都很滿意，變成該公司廣告的最佳代言人，所以機車騎士與汽車駕駛，都喜歡購買那一家公司的產物保險。換句話說，「有捨才有得」、「吃虧就是占便宜，斤斤計較反而吃大虧」。

　　大學如果願意花大錢在學生的教育經費上，將來學生畢業之後，會感念學校的栽培，捐款回饋母校的機率也愈高；反之，如果辦學只為了賺錢，不願意把金錢花在教育學生身上，除了容易被冠上「學店」的名號，學生將來捐款回饋母校的機率也愈低。

　　筆者常常一大早到公園散步，順便在附近買一些水果回家。有一個賣水果的婦女常對人說：「我兩個孩子還在念私立大學，學費是一大筆負擔，丈夫沒有工作，家庭開銷完全靠我一個人。」有些人同情她就跟她買水果。可是她的生意一直很不好；而隔壁的水果攤生意卻很好，他們賣的水果與蔬菜種類差不多，為什麼生意會差很大？原來這位賣水果的婦女，她使用有指針的舊式磅秤，一般消費者很難看出水果或蔬菜真正的重量，到底是幾斤或幾兩重，所以心中難免產生疑慮，而且她在找零錢的時候連零頭都要拿，例

如：客人買水果 31 元，交給她 100 元，她就找 69 元，而不是找 70 元。

但另外一位水果攤老闆使用電子磅秤，水果或蔬菜的重量與金錢，立刻以數字顯現出來，產生童叟無欺的效果，而且零頭他都不拿，例如：水果 97 元，拿 100 元給他找，他通常找你 5 元，而不是找 3 元；水果如果 123 元，他會說 120 元就好。此外，這位老闆如果你跟他買菜，還會送大蒜或蔥，這樣消費者就有一種賺到的感覺，因此許多人都願意跟他買水果與蔬菜；雖然表面上似乎吃點小虧，但實際上是薄利多銷，結果賺得更多。

從前有一所國立大學，教職員宿舍必須重新分配。有一位教授搶破頭才爭取到一間二層樓的公家宿舍，因為有宿舍住，所以他就把錢存到郵局；另外有一位教授將分配到的宿舍讓給其他教授，然後向銀行貸款購買一棟價值 500 萬元的別墅。經過二十幾年之後，房地產價格暴漲，爭取到宿舍的教授其存款大約 800 萬元，而放棄宿舍的教授已經還清貸款，他的別墅市價達 2,000 萬元。由此可知，當初似乎是吃虧，其實得到更多。

61 不要只顧自己的事

　　世界各地都有機會發生各種災難，例如：戰爭、火災、大地震、海嘯、颱風、龍捲風、乾旱、暴風雪、空氣污染、洪水、核能外洩等，導致許多人死傷或無家可歸。很多人心裡會想：「這跟我有什麼關係，我們為什麼要捐款或直接去幫助人家？」其實，我們不要以為發生在別的國家、別的地區的重大事故，都跟我們沒有任何關係；事實上天底下的重大事情，都與我們每一個人的生活息息相關，例如：戰爭導致石油危機、黃金漲價；氣候異常暴風雪或旱災，導致穀物收成減少，原物料自然上漲，每個人的生活支出會跟著增加；環境污染或空氣污染，導致水資源缺乏或地球溫度升高等，全世界的生態都會受到很大影響，無人能夠倖免。又如，大地震、洪水死傷很多人，幸運存活的人也需要我們去關懷或協助。

　　如果我們不去幫助災難地區的人們，許多人生病甚至產生瘟疫，或因貧窮、失業導致流離失所，他們無法生活可能變成強盜，那麼我們就有可能成為被搶劫的對象。如果他們是外國人，因為貧窮造成消費減少，我們生產的各種物品外銷的數量也就相對減少。如果別人有災難我們不去幫忙，有一天萬一我們遇到重大災難，有誰願意來幫助我們？

　　在我們生活的周遭，就有許多人只為了自己的方便，而做出一些沒有公德心的事，例如：我們到公園散步時，常常可以看到一些寵物隨意在公園裡解大小便，主人不將狗屎帶回去，不但不衛生還污染大眾的休閒環境；有些人亂丟菸蒂或吐檳榔汁，破壞環境整潔與衛生，就是因為這些人只顧自己而缺乏公德心。

　　有些人在公寓頂樓養鴿子，鴿子的排泄物會污染水源，如果大家的行為都跟他們一樣，將會變成什麼樣的世界？我們生活的社會中有許多人需要我們去關懷，例如：孤兒、中途輟學的學生、觸犯法律的青少年、失業的人，

如果我們不伸出援手，對這些社會邊緣人袖手旁觀，將來萬一他們成為社會的敗類，我們就可能成為受害者，到時候我們還能夠安居樂業嗎？

中國的傳統觀念：「自掃門前雪，不管他人瓦上霜」，其實是一種自私自利的想法，因為人是群居的動物，天底下的人很少能自給自足，在互相幫助的社會裡各取所需，人人才能夠安居樂業，安享天年。

思考篇

62 突破舊思維

　　一個人容易受到長期生活經驗的影響，進而產生根深蒂固的刻板觀念，這種觀念會使人的思考僵化，例如：一個公司職員在某家公司工作十年，在他的觀念裡認為自己當職員很好，那麼他這一輩子就只能當職員，一直當職員到退休，就不容易當上主管、經理，甚至當董事長。因為一個人的思維框架形成之後，就很難改變，不容易脫穎而出。如果這個職員常常自我反問：「難道我這一輩子只有當職員？我也可以當主管或經理！」這樣突破舊思維，他就比較有機會往上晉升。

　　不少人有僵化的思考習慣，例如：某個國中生考不上高中，他就想：「我過去國中三年都白念了，我是個廢物！」或「我考不上高中，人生沒有前途了！」。許多憂鬱的人常習慣使用二分法的思考，當他們遇到感情挫折、人際或工作問題時，就想到悲觀的一面，例如：「我就是什麼都做不好！」、「我只是別人的負擔而已！」、「我活著做什麼呢？」、「我活著有什麼意義？」……。他們不會去想自己過去做得不錯的事情，以及身邊一群關心他的親友，還有那些受過他幫助的人。

　　靈活的思考就是認為事情都沒有絕對的對或錯、好或壞，每件事情都可以從一個連續的向度來評量（例如：0～100分），例如：我做一件事，我給自己打 75 分，而不是打 0 分或 100 分。這種思考方式比較有彈性，也比較不會犯錯。

　　一般人常存有因果關係的思考，認為有何原因，必然會有何結果，這種根深蒂固的觀念不一定正確，但是很多人並沒有察覺，例如：大家都說：「無風不起浪！」，可是地震或海嘯也是會起浪；又如：「大難不死，必有後福」、「人無遠慮，必有近憂」、「有其父，必有其子」、「強將手下無弱兵」、「仁者無敵」、「遇水則發」、「久病無孝子」、「萬丈高樓平地

起」、「虎父無犬子」，其實這些觀念並不一定完全正確。

　　如果換個想法：「大難不死，未必有後福」、「人無遠慮，未必有近憂」、「有其父，未必有其子」、「強將手下少弱兵」、「仁者少敵」、「遇水不一定發」、「久病少孝子」、「萬丈高樓從地底下起」、「虎父有犬子」，這樣思考就比較彈性、比較正確。

　　一般人對各種物體常存有固定功能的概念，當個人面對困難或問題時，受到先前既有想法的限制，無法將這些物體的功能加以變通，因而阻礙問題的解決，這種現象稱之為功能固著，例如：在美國電視影集「馬蓋先」（MacGyver）的劇情中，馬蓋先經常能在面對各種困難時，利用周圍環境的事物產生新的功能，最後終能克服難關化險為夷，順利解決問題。這種解決問題的方法就是突破功能固著，打破僵化思考的最好例子。

　　台灣有許多人認為大學讀醫學系最好，因為醫學系的出路最好，事實上這也是一種舊思維的框架。一個醫師每天能夠看多少個病人？要超過二百人就很困難，所以醫師的收入仍然有其限制，跟一些國際棒球或籃球明星的收入差距很大，在日本，甚至不少小說家的收入都超過醫師，可謂行行出狀元。

　　當個人面對一個問題無法解決的時候，再嘗試其他方法，如果嘗試之後還是不能解決，再嘗試其他方法，這樣一直嘗試下去，最終能順利解決問題。由於水平思考比較靈活而且有彈性，不鑽牛角尖、不故步自封，能見風轉舵，困難問題就容易迎刃而解，例如：在這裡釣不到魚，就移到別的地方去釣；研究所入學考試幾年都無法上榜，可以出國去留學或先找工作。

　　有一些未婚的年輕人，因為失戀或感情不順遂，一時想不開而自殺，這種令人十分痛心遺憾的事情時有所聞，為什麼會想不開？主要原因就是固執與鑽牛角尖。天底下適婚的異性非常多，實在不必執著於某一個特定對象，如果人家不喜歡你，勉強要到了也不會幸福，甚至最終還是會分開。因此腦筋要靈活一點，例如：找不到本國人可以結婚，優秀的外國人也可以；找不到符合自己標準的，那就把標準放寬些。有些個性很固執的人，其思考模式屬於垂直思考，問題一直無法解決，就容易產生無助感，進而產生憂鬱症。

　　以前有一個年輕人，參加大學聯考連續幾年都落榜，自認為人生已經完蛋了，於是以自殺來結束生命。其實，天生我才必有用，天無絕人之路，一枝草一點露，路是人走出來的，只要肯努力學習，路就在浩瀚人群中展開來。有一位失業的中年人，認為自己無法東山再起，一時想不開帶孩子一起去自殺，這也是思考鑽牛角尖的後果。其實，不管再怎麼貧窮，只要找對門路都會有人願意伸出援手的，例如：到教會、社會局、家庭扶助中心、慈善機構去請求援助，或透過大眾傳播媒體的報導，一定會有許多人願意來協助。

　　一個人能成功，其不變的道理，就是每天都要「變」，而且要愈變愈好。一個人遇到困難時，水平思考能隨機應變、不墨守成規，能舉一反三、觸類旁通。俗語說：「山不轉，路轉；路不轉，人轉；人不轉，心轉」，例如：沒有圓規如何畫一個圓？沒有筷子如何吃飯？如何以新台幣 50 元生活一個星期？沒有錢如何環島旅行？騎乘機車如何注意安全避免交通意外？要變通想出解決方法。有些男性認為，要找到理想的結婚對象，必須先認真工作，等到存夠了錢再買房子，有了房子之後才能結婚。然而都市的房價不是永遠固定的，等到存夠了一大筆錢之後，或許房屋價錢又漲上去，如果沒有先跟銀行貸款買房子，這樣或許永遠買不到房子，那也就無法結婚了。

63 一念之間

　　歷史上，多少政客為了好大喜功或個人恩怨，在「一念之間」葬送無數人的生命，改寫了國家社會的命運。在人世間，多少人在「一念之間」倉促決定了自己的一生；多少人為情所困，只因「一念之間」想不開，結束自己生命，徒留悲痛在親人間；多少人為財迷心竅而萌生殺機，只為「一念之間」，結果自毀前途，害人生命，永留臭名在人世間。

　　人為萬物之靈，人的念頭如果化為實際行動，便有可能主宰甚至是左右全世界的命運。這世界是和平共生，或者走向毀滅，全都決定於領導階層的一念之間。同理，一個企業、一個機構，領導者的意念就決定該組織的未來。

　　人的一念之間，掌控著自己一生當中所有的一切。人心中的念頭，決定自己表現出來的行為，操縱著人生的方向。每個人心中的念頭，都會隨著生活背景、成長環境、教育因素、宗教信仰的不同，而有所差異。一個人如何隨時擁有正確的意念，使自己一生有美好的未來，就需要靠智慧。

　　人生中有許多幸與不幸的事情，過去的事已經無法挽回，如果常回想自己過去的失敗，以致心懷不平、沮喪，常以悲觀負面的心態來看待一切，認為「人生沒有前途、只有死路一條、別人幫不了我……」，這樣就是為自己選擇不幸。反之，將那些往事拋在腦後，過去的事就讓它過去，如果自己有錯就勇於承擔，改過自新；如果是別人對你造成傷害，就饒恕他，這樣就是選擇幸福。你今天的選擇，就會結出明天的果實，幸福自然會來到。你要幸福或不幸？完全決定於一念之間。

　　有一位大學四年級學生，因為缺錢花用，於是搶劫單身婦女的財物，被害人報警之後，警方根據監視器找到他。後來被判觸犯刑法，因而入監獄服刑，不但沒有拿到大學畢業文憑，一念之間幾乎毀了他一生的前程。

　　人的生命一旦失去，將永遠不再回來，任何人都應該嚴肅面對生命，愛惜生命。之前一則新聞報導說，有個爸爸開著一輛高級轎車載著他兒子，車子行駛到鐵路平交道時，引擎突然熄火失去動力，車子停在鐵軌上，這位爸爸看見一輛火車從遠處開過來，於是趕緊下車去路旁按下警鈴，希望及時提醒火車駕駛員趕快煞車。可是千萬沒想到，火車還是撞上了他的轎車，不但車子全毀，而且他寶貝兒子也不幸喪命。

　　如果這位車主當時能趕快把兒子抱下車，然後再去按下警鈴，他的寶貝兒子或許就不會喪命。高級轎車有錢就可以買得到，孩子過世了就不可能重生。由此可見，一念之間的想法多麼重要。簡單來說，一念之間決定人的命運。

　　在某大都會地區有一塊數千坪建地，因為該土地低於平面道路三公尺，地主急需資金於是委託仲介公司出售，賣了好幾年仍然乏人問津。有一天仲介員帶領一位商人來到現場，這位商人一念之間就決定買下這筆土地，因為他想到土地與道路落差很大，不必填土就可以當地下室，可以省下開挖泥土的費用。後來商人利用這塊土地蓋了一排店面，賺了不少錢。

64 非理性思考

大家都知道：「有理行遍天下，無理寸步難行」，一般人平常的思考總自認為是對的，例如：有錢才會快樂，但真是這樣嗎？世界上有許多中樂透頭獎的人，後來錢財散盡、窮困潦倒，甚至死於酗酒或自殺，可見有錢不一定會使人快樂。一位年輕人他的女友移情別戀，找她理論之後知道無可挽回，一氣之下失去理性就打死她，這樣不但無法解決問題，反而產生更嚴重、更困擾的問題。

非理性思考容易產生自以為是的心理，諮商心理學家亞伯特‧艾理斯（Albert Ellis），在其心理諮商過程中發現心理不健全的個案，主要問題在於內心充滿非理性的想法，於是提出心理諮商的目的就是要將個案的非理性思考，轉換成理性思考。非理性思考的例子如下：

1. 我應該受周圍所有人的喜愛與讚美。
2. 我必須成功，這樣我才有價值。
3. 凡邪惡、卑鄙的人，他們一定會受到責備與懲罰。
4. 期望如未能實現，或是計畫不能如我所願，是一件可怕的災禍。
5. 不幸福或不快樂，是由外在情況所引起，我並不能改變這樣的事實。
6. 對危險、可怕的事情，我必須對其憂慮與生氣。
7. 逃避困難及責任，要比面對它們容易！
8. 我應該依賴他人，凡事希望別人都能幫忙我，且必須有一個強者做靠山。
9. 過去的經驗會影響目前我所做的每件事，而且那些影響是永不消失的。
10. 我應為別人所有的問題與困難感到難過。
11. 每一個問題都只有一個正確、完善的解答，我必須找到它；否則，那

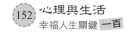

將是災難與不幸。

在我們日常生活中，偶爾會出現非理性思考，這種情形不勝枚舉，但如果常常有以上非理性的思考方式，就容易產生不健全的心理，嚴重者可能會導致精神或心理疾病。因此，要經常檢視自己的思考是否為非理性的思考模式，並且及時改正非理性思考，例如：「過去的經驗會影響目前我所做的每件事，而且那些影響是永不消失的」，這是屬於非理性思考，應該轉而去想：「過去的經驗雖然會影響目前我所做的每件事，但是那些影響是會隨著時空的改變而逐漸消失的」。簡言之，不要跟自己的過去「過不去」，這樣才能擺脫過去失敗的陰霾，邁向光明的未來。

65 如何面對困難問題？

　　每一個人在人生旅途中，難免會遭遇到許多困難，此時該怎麼辦比較好？不同的作法就會導致不同的結果。建議參考以下的對照表：

遭遇到困難的負面作法與結果對照表

作　法	結　果
1. 壓抑、自責	焦慮不安、心情不愉快
2. 酗酒、吸毒	害己害人、觸犯法律
3. 大吃特吃	變胖、高血脂、心臟病
4. 攻擊別人	別人反擊、觸犯法律
5. 負面思考	容易朝悲觀的方向發展
6. 怪罪別人	可能引起更大衝突
7. 家庭暴力	離婚、觸犯法律
8. 沉溺網咖	缺少運動、自我麻痺
9. 發大脾氣	傷害身體健康
10. 觸犯法律	犯罪坐牢
11. 不知檢討	重蹈覆轍
12. 怪罪上天	神仍愛世人
13. 責怪他人	於事無補
14. 自殺	不可復活、傷害親情、友情

遭遇到困難的正面作法與結果對照表

作　法	結　果
1. 請教師長、朋友	獲取經驗、得到智慧
2. 反省自己、從挫敗中學到教訓	自我改進，邁向成功
3. 如果別人得罪你，就饒恕他	饒恕別人也是原諒自己
4. 正面思考	危機就是轉機、天無絕人之路
5. 尋求各種專業協助	渡過人生難關
6. 面對問題	找出解決之道
7. 不斷充實自己	有充分準備，就有成功的機會
8. 暫時擱置問題	讓時間沉澱
9. 轉移人生目標	在別的方面超越他人
10. 放下過去，迎向明天	放棄背後，努力面前
11. 唱歌、音樂欣賞、運動、看畫展、寫書法、畫圖、看歌劇、旅遊、泡湯、藝術欣賞、冥想、生理回饋	心情放鬆、產生自信、重拾力量

66 集體思考不是萬靈丹

　　許多企業、公司、政府機構、學校，遇到問題就以開會來尋求解決問題的策略。雖然會議經由與會人員共同交換意見，有時可以順利解決問題，但開會並不是解決問題的萬靈丹。因為會議有以下缺點：

1. 主席容易堅持己見，與會人員的意見不被採納。
2. 主席會議時間掌控不當，不能讓與會者充分發言。
3. 與會人員為了得到主席的好感，不願提出相反的意見。
4. 與會人員為了討好上司，不願說出真心話。
5. 為了個人利益或自己團體的利益，產生本位主義的心理。
6. 擔心自己的見解不受歡迎，不願表達自己的意見。
7. 會議所得到的結論，不能切實執行。

　　廣告設計家歐斯孟（Osborn, 1963）倡導腦力激盪，就是藉著集體思考合力來解決問題，由團體成員共同想出最好的辦法。集體思考最好在自由、和諧的氣氛中進行，每一個成員的意見都受到肯定與尊重，沒有權威人士在場，每一個成員都能夠暢所欲言，別人的意見可以激發個人的思考靈感。

　　一般人以為，一件事情經由許多人共同來思考，就可以達到天衣無縫的效果；但其實集體思考並非萬靈丹，因為集體思考容易產生團體迷思，由集體思考所做的決定失敗案例很多，例如：1986 年美國挑戰者號太空梭，在升空 72 秒後爆炸；1970 年代美國總統尼克森，為了遮掩水門案件，由一群政府官員開過許多次會議，原來希望杜絕反對意見，結果導致黯然下台的結局。所以團體決策不見得比個人決策較好。集體思考失敗的原因如下：

1. 團體成員心態封閉，無法廣納建言。
2. 將集體思考結果合理化，認為共同的決定有瑕疵也無關緊要。

3. 排斥少數團體成員的相反意見。

4. 認為集體思考的結果是無懈可擊的。

5. 尊重長輩、長官或領導人的意見，自己不願意說出真心話。

6. 太過自信，認為對方愚蠢無知，以致輕忽他們的實力。

7. 相互依賴心理，以為解決問題是別人的責任。

美國朗德（Rand）公司在 1950 年代，開始採用德爾慧技術（The Delphi Technique），該技術使用連續問卷進行反覆調查，請一群學者專家透過群體溝通、集思廣益、凝聚共識，進而解決問題，研究結果可以作為政府、企業機構、教育部門實施重大決策的參考。德爾慧技術的實施程序如下：

1. 確定研究目的，提出研究問題。

2. 選擇學者專家作為調查樣本。

3. 編製第一次問卷，寄給接受調查者填寫意見，提出解決問題的方法。為了使接受調查的學者專家充分表達自己的想法，問卷屬於開放式問題。

4. 在第一次問卷回收之後，將填答者的反應進行整理、分析、歸納，據以編製第二次問卷。

5. 在第二次問卷回收之後，將填答者的反應加以整理、歸納、分析，計算填答者在每一題反應的平均數，就可知道全體樣本對問卷各題的態度。再根據第二次問卷分析所得的資料編製成第三次問卷，寄給研究樣本，將自己的看法與團體的態度做比較，以決定是否遵守團體的意見或堅持自己的想法。

6. 在回收第三次問卷之後，將填答者的意見再做整理分析，據以編製成第四次問卷，實施方法與第三次問卷相同，讓填答者做最後決定，是否堅持己見或改變立場附和團體的意見。

7. 在回收第四次問卷之後，將問卷資料進行分析，找出大多數填答者對問題一致觀點的題目，做為決策參考，並且列出學者專家意見不同的題目，進一步分析不一致的理由何在。

綜而言之，得爾慧技術是提供一系列前次團體成員的意見，做為當次回答參考，經由多次調查凝聚共識，進而找出解決問題的方法。

德爾慧技術的優點如下：

1. 每一名受試者都有同樣自由表達自己意見的機會，個人的意見不受任何人影響。
2. 所有受試者都能有充分表達個人想法的時間。
3. 可以自由提出與他人不同的意見。
4. 不必顧及人情或面子，能坦然提出自己的見解。
5. 可以整合受試者的意見，得到明確的結論。
6. 不必考慮個人或團體的利益，一切就事論事。
7. 可以經由多次反覆徵詢，對問題達成共識。
8. 受試者不知其他人的身分，個人意見不受他人影響。
9. 受試者在家裡或辦公室填答，不必齊聚一堂。
10. 根據所有受試者的共識，可以切實來執行。

67 自殺不是真的解脫

　　有一些人遇到挫折或不容易解決的困擾問題，一時想不開就想以自殺來結束生命，以為這樣就可以完全解脫，其實這是非常幼稚的想法，因為自殺並不是在解決問題，而是在製造更複雜的問題，自殺只會帶給家人與親友無限的傷痛。每一個人的生命來自父母，不是我們自己花錢買來的，也不是自己生產製造出來的，所以必須加以珍惜與愛護。如果我們去買一雙皮鞋，穿了幾天覺得很不舒服，我們可以拋棄它，再去買一雙新的；但是，生命結束之後不可能重生，所以必須特別愛護它、珍惜它，不可以用自殺來結束生命，這樣才不會愧對父母。孔子說：「身體髮膚，受之父母，不敢毀傷，孝之始也。」

　　一個人在一生中難免遭遇困難或災難，當困難或大的災難來臨時，支持一個人活下去最大的力量就是自信心。苦難者如果一切財物或親人都不見了，只要相信「活著就有希望」，就不容易陷入憂鬱的漩渦裡而想不開，也不會導致自殺。

　　不明白人生意義的人，遇到挫折時，就會選擇「自殺」！他們常把「一小部分」看成是人生的「全部」，這是掉入死胡同裡或鑽牛角尖。男人常把「事業」當成人生的一切；女人常將「愛情」當做人生的全部。當事業不如意或愛情破滅時，就覺得活著還有什麼意義，於是萬念俱灰，走上絕路！想自殺的人有以下共同的心理特徵：

1. **人際關係失調**：自殺者大多性格內向、孤僻、自我中心，很難與他人建立正常的人際關係。當缺乏家庭的溫暖和愛護，缺乏朋友、師長的鼓勵與支持時，常常感到很無助，最後變得愈來愈孤獨，生活在自我封閉的小圈圈裡，人生失去自我價值感。
2. **矛盾心態**：企圖自殺者的心裡孤單寂寞，認為沒有人能夠理解他，誰

也幫不了他，在這個世界上只有自己最痛苦、最不幸，因此，想以死來解脫困境。但實際上，想自殺的人心情充滿矛盾，一方面想死，另一方面卻渴望獲得他人的幫助。

3. **偏差認知**：企圖自殺者常因情緒困擾，而產生知覺的扭曲，例如：「我做任何事都一定失敗！」、「沒有人會喜歡我！」、「我考試失敗，爸爸媽媽一定不會饒恕我，永遠不再愛我！」、「我有缺陷，別人一定瞧不起我！」，因而自暴自棄、自責自怨、自傷自毀。

4. **衝動行為**：企圖自殺者之自殺意念常常在很短的時間內形成，因情緒激動而導致衝動行為，一想到「死」就馬上採取行動。他們對自己面臨的危機狀態，缺乏冷靜的分析和理智的思考，往往認定「沒辦法了，只有死路一條」，認為一了百了就可以得到解脫，思考變得非常狹隘。

5. **模糊的死亡概念**：企圖自殺的人對死亡的概念比較模糊，部分人甚至認為死亡是可逆的、暫時的、可以投胎轉世的，因此對自殺的後果沒有正確了解。

　　一個人遭遇到人生的困境時，如何脫離想自殺的陰霾？首先要建立良好的人際關係，其次思考要靈活，要了解學業、事業、婚姻與愛情等只是人生的一部分，而非全部。這項不如意，還可以發揮其他的，這方面輸給別人，別的方面可以贏過別人。要體認這個世界上比我們更痛苦、更不幸的人還很多，當有自殺意念時必須求助親友、老師或生命線。

　　人生是由許多部分所串聯起來，不要因一時的挫敗就迷失在其中。人要尊重生命，因為生命無價；要清楚人生，才有意義！要明白生命，才能自在！要幫助別人，才會快樂！

68 人生的意義何在？

　　許多人認為活得長壽、有很多財富、有高的社會地位或環遊世界，這樣人生才有價值。其實人生的價值與意義，不在於壽命長短，也不在於財富多寡，而在於人生的內容精采與否，就好比一篇文章是否精彩，不在於文章的長短，而在於文章的內容。台灣俗諺說：「人死留名，虎死留皮」，如果一個人不是很長壽，但他在世的時候能對人類社會做出很大的貢獻，他過世以後就能芳名永留青史，被後人永遠感念，這樣的人生就具有意義，例如：耶穌只活了 33 歲，孫中山先生活了 60 歲，他們都被後人永遠感念；非洲之父史懷哲活了 90 歲，他將一生所有的積蓄、版稅收入、演奏所得和諾貝爾和平獎的獎金，在非洲籌建醫院，他也受到世人永遠崇敬，他們的人生都很有意義。又如，馬偕在他年輕的時候就從加拿大來台灣，藉著行醫的機會傳揚基督教的福音，他一生奉獻給台灣，後人為了感念馬偕對台灣的貢獻，乃籌建馬偕醫院。簡單來說，人生的意義不在生命的長短，而是在於生命的內容是否永遠受人尊崇。

　　也許有人會自問：「我的學歷低又沒有多少財富，如何對人類社會做出偉大的貢獻？」其實，對人類社會做出偉大的貢獻，不一定要有多高的學位或多少財產，例如：劉俠女士，12 歲時罹患了一種罕見疾病「類風溼性關節炎」，發病時手腳腫痛，行動極為不便，但是她由信仰中體驗到生命的價值和尊貴，漸漸改變了她對生命的看法，轉而充滿了樂觀與積極。她一生以社會公益為依歸，1982 年創立伊甸殘障基金會，曾任總統府國策顧問、伊甸社會福利基金會董事長、殘障聯盟理事長等職。劉俠女士推動身心障礙者社會福利制度之建立，曾榮獲十大傑出女青年獎、國家文藝基金會散文獎、吳三連基金會社會服務獎等殊榮。她在幾乎無法執筆的情況下，仍然寫作不間斷，作品中充滿了求生的意志，足以激勵人心。她的著作有：《生之歌》、

《生之頌》、《杏林小記》等四十多本勵志書籍，並且將出版稿費所得全部捐給伊甸殘障基金會。

　　有一些年輕人，大學畢業之後很努力工作，但是收入相當微薄，工作很多年一直無法買房子或結婚，甚至工作壓力大而無法生小孩，自己的理想難以實現，所以覺得人生沒有意義，甚至責怪父母或國家。其實大部分困難的問題，都來自於自己的想法不正確所造成的。有不少家財萬貫的富豪，汲汲營營、自私自利，甚至不曾捐款幫助貧窮人，這種人的人生又有何意義？有些人認為，人生的意義就是要大富大貴、住豪宅、開名車、去環球旅行，但人生的意義真的是這樣嗎？

　　一個人的價值觀就像人生的指南針，會主宰人的想法與決定，進而影響命運。如果一個人有正確的價值觀，會帶給他無比的力量，進而邁向成功的道路。德國心理學家法蘭克（V. Frankl）在第二次世界大戰期間，被警察關入集中營，在集中營飽受飢餓、凌辱、日以繼夜的工作，在此惡劣的環境之下，只有極少數人存活下來。法蘭克了解到這些倖存者內心深處都有一個共同目標，就是只要活下來就有機會見到失散的親人，有人甚至堅信會看到暴政必亡，也就是體會出生命存在的意義。

　　人生是否有意義，就看自己怎麼去體會，例如：有一個學校的工友認為，雖然工作很辛苦、待遇低，又沒有什麼升遷機會，當他想到自己也在從事培育人才的神聖工作時，就覺得自己的工作也很有意義，而不覺得工作的辛苦。

69 負面想法的自我應驗

　　一個人在遭遇到困境、諸事不順的時候，就會很容易想到：「我真歹命！」、「我不夠聰明！」、「我沒有辦法！」、「好事為什麼不會發生在我身上？」、「我永遠不會成功！」、「我不行！」、「我真衰！」、「父母為什麼不幫助我？」等話語。以上這些想法，會像種子在潛意識裡發芽、生根、長大，這種自我應驗的預言，會成為自己邁向成功的絆腳石。

　　負面或悲觀的想法就像癌細胞一樣，會逐漸擴散甚至吞噬你的生命。如果一個人習慣的說出失敗、口出埋怨的話，就是在為自己的失敗鋪路，逐漸朝毀滅的道路邁進，所以一個人在逆境中所說的話，不要低估它的影響力。最好在逆境中轉念，要感恩惜福，要以理性態度分析困境的原因，積極去面對，則黑夜即將過去，黎明將來臨。

　　當一個人面對疾病、貧窮、事業不振、婚姻破裂、失業、考試失敗等狀況，千萬不要抱怨或與人爭執，反而要靠著正面的話語來扭轉困境，要經常說：「天底下沒有任何事，可以難倒我！」、「我一定會戰勝他們！」、「光明前程即將到來！」。

　　當你對自己有足夠的信心，便能樂觀去面對一切困難與挑戰，你就會逐漸往正面的方向發展，會愈走愈順利，你的身體就會逐漸累積能量來應付一切挑戰，甚至一般醫師認為無可救藥的癌症，都可以不藥而癒。反之，如果你面對疾病、貧窮、事業不振、婚姻破裂、失業、考試失敗等困境時，經常喃喃自語說：「我很糟糕！」、「我完蛋了！」、「我沒救了！」，這樣就真的會逐漸朝向失敗、落魄、死亡的道路邁進。

　　很多人抱怨：「我小時候很厲害，為什麼現在變成這個樣子？是老天不愛我嗎？」其實不是！這種現象就好像一台電腦灌了錯誤的軟體，所以使電腦當機，無法發揮電腦的功能，而不是那一台電腦不好。錯誤的軟體就好像

人類錯誤的或負面的思考,會使人產生自信心低落、憂慮、恐懼、不安、人際關係不好,任何事情都不順利,而不是電腦本身不好,所以必須更新電腦軟體,才能使電腦正常運作。

人的內在本來都是好的,但是如果經常去想「別人對我不好,我為什麼會落到今天的地步」、「上帝不公平」等負面想法或情緒,就會產生生氣、憤怒、焦慮。如何才能恢復兒童時期的健康活潑,使自己擁有健康、幸福、事業成功的未來?首先要改變錯誤的思維模式。在人生遭遇到困難的時候,要選擇正面思考,任何事情感恩惜福,心裡就會有平安,而且能逐漸發揮自己的潛能,將來的人生就可以超乎所求所想。

70 不必埋怨命運

「命」是個人與生俱來無法改變的，例如：每一個人都沒有選擇父母的權利；又如，一個人的種族、皮膚顏色也都是命定的。但是，命運的「運」就是可以靠自己的能力、努力或決定來改變的。許多人求學過程不順利、事業失敗、婚姻破裂，就怪自己臉上的一顆痣、怪姓名筆畫數不好、怪名字取得不好、怪自己歹命、怪祖先沒顯靈，於是就去點痣、改名或到處求神問卜，這樣真的能改變命運嗎？假設有一個窮人名叫榮文西，他把名字改成榮永慶，就能發財嗎？事實上這是不太可能的，對自己的名字應平常心看待。何況同名同姓的人很多，這些人的命運也大不相同。除非自己名字很難聽、很難寫或不吉利，例如：狗屎、罔市、罔腰，否則改名字實在沒有多大的意義。

筆者從讀小學到大學畢業之前，一有空檔就到田裡工作。當時台灣農業還沒有機械化，一切靠勞力。家裡的農田有一甲七分地，筆者是家中長子，為了減輕父親的負擔，就主動去幫忙農事，舉凡犁田、插秧、引水灌溉、踩水車、挑豬糞到田裡施肥、除雜草、噴灑農藥、收割稻米、甘蔗、蕃薯等工作，都要親自去做。在當時的情境下，哪有辦法去補習或從事休閒活動。

常常整個暑假都在田裡耕作，在高溫日曬底下工作，汗流滿面已經夠辛苦了，有時遇到西北雨閃電交加，烏雲密布，金光閃閃與巨大雷聲相繼出現相當嚇人。有時晚上也不能休息，得打赤腳拿著鋤頭摸黑到田裡去灌溉，有時一不小心踩到毒蛇真嚇死人。雖然很努力耕作，但若遇到颱風、洪水氾濫，就沒有收成。即使沒有遇到颱風或洪水，扣除肥料、農藥、地租、水費之後，也是所剩不多，後來心想：「種田看天吃飯」、「種田辛苦又危險」、「讀書是一分耕耘，一分收穫」。如果筆者當年只怪命運而沒有轉念，現在說不定還是脫離不了辛苦的工作。

　　有些人命運不好，就怪罪自己姓名筆畫數不吉利，其實一個人的姓名筆畫數與個人命運是沒有直接的相關。因為天下同名、同姓的人很多，這些人的命運是不會一樣的。如果不同名也不同姓的人，但是姓名筆畫數一樣，天下還是有很多這種人，他們的命運也不會一樣。另外，也有一些人遭遇人生重大困難，就怪罪祖先墳墓的風水不好；但是同一位祖先的後代子孫，為何有人事業發展順利、家庭也幸福美滿？這又該如何作解釋？

71 如何判斷迷信？

　　大家常聽過迷信害人，不少人因迷信而被騙財騙色。什麼是迷信，這是一個見仁見智的問題，一般教科書從來沒有這方面的主題，老師也很少教這方面的事，一般人常有迷信的行為而不自知。到底迷信是如何產生的？一個人做某件事，如果有獲得幾次成功的經驗，就容易信以為真，進而產生迷信，例如：有一個足球隊連續六次都輸球，隊長想起來他每次出場比賽，都先穿左腳的襪子，再穿右腳的襪子，所以才輸球。

　　在第七場比賽前，他先穿右腳的襪子，然後再穿左腳的襪子，結果連續幾次比賽都贏球，從此以後他出場比賽前，都一定要先穿右腳的襪子，再穿左腳的襪子。其實這位足球隊隊長已經產生迷信行為，就好像一個人去某家超商購物，很幸運中了統一發票 200 萬元，如果他就相信只有到這家超商購物，索取的統一發票才會中大獎，其實這就是迷信。

　　如何判斷迷信？就科學的角度來說，一個人做一件事，如果連續超過 50 次以上（大樣本）都成功，才可以信以為真，最少也要 30 次（小樣本）都成功，才可以信以為真，也就是說這才不是迷信，例如：同一個人到某一家超商購物，統一發票超過 30 次以上都中大獎，這樣才能說這家超商真的會給人帶來好運。反之，個人做一件事，在連續 30 次中，只有幾次成功的經驗，就相信是真的，這就是迷信，例如：你向神明祈求 30 次都達成心中的願望，這樣才能說祈求後而達成心願，是神明真的顯靈；如果達成心中的願望低於 30 次以下，其實都是屬於巧合。

　　宗教信仰是否迷信？這是一個見仁見智的問題。以科學的角度來看，整個宇宙萬物並不是偶然形成，而是有一位超自然力量的神所創造；但如何證明這位神的存在？宇宙有千億顆星球規律運行，例如：地球繞著太陽，月球繞著地球等，這種現象就跟時鐘規律運行是有人創造的道理一樣。世界上信

奉基督教的國家普遍比較強盛，是否與其信仰創造宇宙的神，而非祭拜人工雕刻的神像有關？這是一個值得深思的問題。

一般傳統社會習俗認為，男女差幾歲不適合當夫妻、哪一個月不可結婚、哪一個月不可搬家，其實這些都沒有科學的證明。許多人在人生遇到困境時，都希望有美好的未來，於是常常會找人算命，一些大官要員也不例外。一個人去算命，即使兩三次都覺得很準，就科學的角度來說，其實也只是巧合而已。因為一個人去找命相師算命，如果相信命相師所說的話，就容易產生信仰的力量，於是個人就容易往命相師所說的方向去發展，此時命相師所說的話對求見者會產生啟示作用。

一般命相師常會說一些好話，例如：「你會發財！」、「你會做大官！」、「你會考上研究所！」，這樣對花錢的求見者來說，容易產生心理鼓舞作用。反之，命相師如果說一些不吉利的話，例如：「你會遇到車禍！」、「你會被騙！」、「你會離婚！」，如果去算命的人就信以為真，這樣就容易產生消極悲觀的念頭，進而往不好的方向去發展。

根據研究，比較感性、女性或教育程度低的人比較容易接受命相師的暗示，在其潛意識裡就自然朝向命相師所說的話去發展。反之，比較理性、男性或教育程度高的人，比較不容易相信別人的話，不容易接受暗示，算命結果自然就不容易準確。

有些人中年失業、家庭貧困或體弱多病，就以為八字不好，其實這種想法並沒有科學根據，因為同年、同月、同日、同一個時辰出生的人很多，為什麼別人沒有遭遇到同樣的問題？從前有一個家庭，小孩出生後巧遇父親經商失敗、母親又生重病，於是小孩的父母就相信這個孩子是剋星，於是送給他人去領養，其實這也是迷信所造成的。

72 危機也是轉機

　　每一個人在人生旅程中，難免會遭遇到各種困難與挫折，在經歷挫折煎熬的時候，要相信其實磨練是成功的契機，就好像黑夜之後黎明就會到來。要相信「事在人為」，要檢討失敗的原因，一切信任自己、肯定自己，不要畏懼、不退縮、不怨天尤人，腳踏實地一步一步向前行，任何困難都可以克服。只要心中充滿希望，並且能持續為生活目標而奮鬥的人，再艱難的日子也有結束的時候，最後就能享受成功的果實。

　　當你遭遇到失敗和挫折的時候，你會埋怨上天嗎？你會怪罪別人嗎？例如：中途輟學、失戀、重大財務損失、失去親人、事業失敗、失業、重大車禍、重大天災、生重病、失去寵物等，心裡感到沮喪、自我責備、怨天尤人，有用嗎？其實，災難、痛苦是上天給你偽裝的祝福，那不是上天在故意折磨你，而是給你重新開始的機會。

　　有人認為中途輟學就沒前途，但世界上有許多名人，例如：微軟（Microsoft）創辦人比爾・蓋茲（Bill Gates）、蘋果（Apple）電腦執行長史帝夫・賈伯斯（Steve Jobs）、臉書（Facebook）創辦人馬克・查克伯格（Mark Zuckerberg）、美國著名建築師萊特（Frank Lloyd Wright）、女神卡卡（Lady Gaga）、大導演詹姆斯・卡麥隆（James Cameron）、史上最成功的高爾夫球手德瑞克・老虎・伍茲（Eldrick "Tiger" Woods）、好萊塢演員湯姆・漢克斯（Tom Hanks）等人，都曾經輟學過。

　　如果你生重病或罹患癌症，不要認為必死無疑而沮喪，而是要改變自己的生活習慣、人生觀，以及做好情緒管理，有活下去的堅強意志力，將可戰勝病魔重獲健康。如果你遇到重大的天災人禍，要主動尋求社會支持，必定有善心人士會伸出援手。如果你的事業失敗或失業，要仔細分析自己失敗的原因，要建立好人際關係，不斷充實自己，獲得專業證照，將可以開創美好

的未來。

　　大約三十年前，有一名女生參加大學聯考連續兩年都落榜，當時大學錄取率很低，女孩的父親就讓她進入一所教會學校，該校與美國好幾個大學締結姊妹校，在學期間女孩的父親就將她轉學到一所姊妹校，這個女生在美國拿到學士學位之後，繼續攻讀碩士學位，畢業後留在美國工作。後來，與一位台灣留美的博士結婚，如果該女生大學聯考連續兩年落榜之後，繼續去補習會有什麼結果？或許很難再考上理想的大學，當然要嫁給博士是不太可能的事。如果罹患憂鬱症，這是給你回顧生活習慣與思考模式的機會，當你能省視自己的個性、正向思考，就可以得到以前不曾有過的快樂與充實，也許你認為憂鬱症是危機，其實也是個轉機。

　　從前石油危機，導致百業蕭條、民不聊生。許多商人不敢投資，房地產暴跌，許多人把錢存入銀行生利息。有一位商人認為這是最壞的時代，也是最好的時機，於是向銀行貸款，加上自己的資金購買大批房地產，經過幾年，世界經濟景氣逐漸回春，這位商人因危機而發大財，可見危機也是轉機。

73 創新發明能創造經濟奇蹟

　　創造力是指創新與無中生有的能力，創造力不只是研發新的產品，還包括對疑難問題產生新的觀念、新的作法，例如：想出新的法規、方案、策略、辦法、章程、制度等，也都是屬於創造。在競爭劇烈的今日社會裡，各行各業都必須不斷創新、革新或發明，才能立於不敗之地。一個公司如果能不斷創新，其產品才能夠領先，否則很快就會被淘汰，例如：削鉛筆機被自動鉛筆所取代、修正液被修正帶所取代、打字機被電腦所取代、B.B.Call 被手機所取代、傳統電燈泡被省電燈泡所取代。

　　美國 3M 公司是一家以創新發明著稱的大企業，該公司創新的產品，涵蓋醫藥用品、電子零件、電腦配件、膠布、便利黏貼紙、無痕掛勾、高速公路看板（曬太陽不容易退色）、隔熱紙、淨水器、空氣清淨器、除濕機、迷你型投影機……等五萬餘種產品，該公司每年的營業額，超過台灣塑膠公司的四倍。3M 公司靠許多研究團隊開發新產品，而且拿到數以萬計的國際專利，因為公司獲利很大，員工的薪資也相當高。

　　1975 年比爾‧蓋茲（Bill Gates）在家裡創立微軟公司，1990 年的營業額達 10 億美元，開啟了軟體時代；1976 年史帝夫‧賈伯斯（Steve Jobs）在車庫創立蘋果公司，1978 年股票市值達 17.9 億美元，開啟了個人電腦時代；1994 年，楊致遠在學校宿舍創立雅虎（Yahoo）公司，1996 年的股票市值達 8.5 億美元，開啟了網際網路時代。

　　1998 年賴瑞‧佩吉（Larry Page）在車庫創立谷歌（Google）公司，2004 年股票市值超過 360 億美元，網路服務時代正式來臨；2004 年，馬克‧查克伯格（Mark Zuckerberg）曾經是美國哈佛大學中途輟學學生，創造了臉書（Facebook），2008 年網站擁有超過 1.2 億用戶，開啟了全球網路社交時代。上述企業家都是以思考創造起家，成為世界超級的大富豪，所以說腦袋決定

口袋，智力勝過勞力。

　　台灣四面環海，土地面積相當狹小，人口密度很高，天然資源也非常有限，如何在國際競爭中立於不敗之地？近年來，台灣中小企業外移，造成勞工失業率偏高，無形中也影響台灣的經濟發展，唯有透過各種教育來開發無限的腦力資源，不斷開發新產品，創造無限的商機，這樣才能在世界舞台上立於不敗之地。同理，一個人如果家境貧窮，沒有受過多少教育，或畢業之後找不到好的工作，想要出人頭地、脫貧致富，創新發明是最快的捷徑。

　　美國 3M 公司非常重視員工創新，當你的新點子被公司其他人認為不可行的時候，你仍然能夠繼續進行自己的研究。如果你堅信自己的新構想會有成果，那麼你可以利用 15%的工作時間，就自己的構想繼續實驗，一直到成功為止。

　　3M 公司還營造了一種容忍失敗的工作環境，該公司員工不論你提出何種想法，哪怕是一個餿主意，都不會遭到其他人的譏諷、批評。該公司認為不成功並不代表失敗，在他們公司裡所研發的各種新產品，通常有一半以上都是不成功的。對 3M 的員工而言，失敗並不可怕，只怕毫無研發能力才會遭到解聘。

　　此外，顧客的回饋意見也是該公司創新的泉源，3M 公司的研究人員不是待在實驗室裡閉門造車，他們要經常去各地拜訪顧客，了解顧客對新產品的改良建議，甚至了解顧客新的需求，這樣才能不斷研發出更好的新產品。

理財篇

74 腦袋決定財富

　　人人都想發財致富，一般人容易想到「勤儉致富」或「有土斯有財」。雖然勤儉是致富的重要因素，但是在現代社會要靠勤儉致富，其實是很難達成的。此外，一般人常說「有土斯有財」，這也要看土地的大小與位置在什麼地方。那麼現代人要靠什麼才能夠致富？其實最重要的就是靠敏銳的思考能力。美國知名企業家洛克斐勒說：「整天工作的人，沒有時間賺錢」，簡單來說，腦袋決定口袋。到底如何思考才能致富？以下幾點供參考：

1. **選擇正確比努力更重要**：我們今天的生活是由自己以前的決定造成的，今天的選擇也將決定我們的未來，例如：一個大學畢業生選擇當房地產仲介營業員，每一個月交易金額可以達到數千萬元，這樣年薪要突破百萬元就很容易。反之，另一個學生大學畢業後，開一家小吃店，除非生意相當好，否則扣除房租之後，年薪要突破百萬元就很困難。簡單來說，交易量大的就是贏家。

2. **掌握未來趨勢**：過去大家都認為有土斯有財，可是在少子女化的今日社會，土地與房屋的需求量將逐漸減緩。人口老化是時代的趨勢，取而代之的是健康、養老、長壽。所以有關生物科技、長期照護等相關產業，就可以產生很大的商機。

3. **聚合群眾**：群眾的力量很大，如果能凝聚群眾就可以創造無限商機，例如：臉書（Facebook），就像老鼠會一樣，參加的人介紹他的親友加入，人數就愈來愈多，然後在龐大的網路族群中進行廣告，將可產生相當可觀的財富。誠如YouTube網站創辦人陳士駿說：「分享的力量好大。」

4. **人脈是成功致富的跳板**：很多人以為，只有保險人員、業務員、記者、民意代表等行業，才需要重視人脈。事實上，無論是從事科技、

教育工作、醫療、工商企業等各個領域，人脈都是一個重要的課題。所以有人說：「三十歲以前靠專業賺錢，三十歲以後要靠人脈賺錢。」

5. 能力：一個人在通往財富的道路上，除了需要具備專業能力外，還需要具備以下幾種能力：

(1)終身學習能力：一個人的學歷只代表過去的成就，只有終身學習才能培養判斷力，增強創造力，在未來有永續的競爭力。個人想要脫離貧窮，唯有不斷學習累積財富的知識。

(2)溝通能力：在現代知識社會裡，良好的溝通能力有助親子關係的建立。夫妻如果有良好的溝通能力，家庭將更和諧，情感更融洽。在工作職場上，良好的溝通能力是高階主管必備的能力。如果一個人擁有滿腹經綸卻拙於溝通，別人無法了解他的知識與能力，這個人就會失去競爭力。

(3)時間管理能力：財富的多寡是有效運用時間的結果。上天公平的給每個人每天 86,400 秒，一天 24 小時，大約 8 小時睡覺，3 小時在吃飯與休息中度過，剩下的 13 小時，如何做最有效的分配是一項重要的事情，成功的人通常花最多時間在做最重要的事情。

(4)執行力：鴻海集團董事長郭台銘說：「執行力就是紀律，也就是一心想把事情做好的決心。」執行是戰略而不是戰術。執行能力只能從執行中獲得，不可能透過思考獲得。只有把知識力和執行力結合起來，才能擁有知行合一的能力。執行，不能有任何藉口，對於要完成的事情，努力去貫徹與實踐。

(5)合作能力：團隊合作最大的優點就是事半功倍，全世界的富人都不是單打獨鬥，而是找能合作的頂尖人才來加入團隊，經由團隊合作共同迎向挑戰，才能創造更高的績效。

75 城市居大不易

　　世界各先進國家的大都市，由於工作機會多，小孩就學、就醫方便，交通與各種公共設施完善，生活機能好，造成外來人口不斷湧入。由於人口大量增加，因而帶動住屋的需求。另外，在房屋仲介商的連續哄抬之下，造成都市精華地段的房價不斷攀升，都市精華地段的房價通常是郊區的好幾倍，例如：在台北市大安區、信義區的新建豪宅，每一坪要價超過新台幣百萬元，即使一般上班族幾十年不吃不喝，都很難買得到新房子。

　　在房價高漲的時代，難道我們一定要住在都會區嗎？如果在台北市周邊地區，例如：在三峽、樹林、鶯歌、桃園等地區購買房屋，購買同樣坪數的房子，房價卻不到台北市精華地段的一半。同樣的，在台中市周邊地區，例如：潭子、大雅、沙鹿、烏日、大里、太平等地區購買房屋，同樣坪數的房子，房價不到台中市精華地段的半價。

　　目前在台灣各大都會地區，例如：台北市、新北市、台中市、台南市、高雄市，都有通往郊區的快速聯絡道路、大眾運輸系統，交通相當方便，即使住在郊區，開車到都市中心通常不超過 50 分鐘。一般大都市都會逐漸向外擴展，目前都市的郊區，將來有可能變成都市的精華區，例如：以前士林、北投、新店、淡水都屬於台北市的郊區，住在郊區的人，現在要到市中心都有捷運可以很快到達，因此房屋價格也相對升高。

　　一般人為了購屋經費考量，都市周邊地區也是購屋者選擇居住的好地方，例如：在台中市最精華地段的七期重劃區，一戶 100 坪的豪宅售價約 4,000 萬元，從七期重劃區開車上中彰快速道路，再上中二高到霧峰大約 25 分鐘，在霧峰的一戶 100 坪的豪宅大約 2,500 萬元，這樣就可以省下 1,500 萬元，即使每天開車來回上下班都很划算，何況住在大都會郊區的生活費比較便宜、活動空間大，空氣比市中心清新，對身體健康也比較好。

76 一夜能否致富？

　　許多人都想一夜致富，在樂透槓龜很多期之後，就會看到許多彩迷排隊購買彩券，都是希望能夠一夜致富。雖然有夢最美，但是彩券開獎的時候通常就是夢想破滅的時候，絕大部分的彩迷都無法如願以償。假設有一個人購買大樂透中了頭獎一億多元，他就容易認為要賺大錢很簡單，於是每期繼續包牌購買大樂透，原來中頭獎的獎金不到幾年就全部花光了，這個人還繼續每期包牌購買大樂透，因為他認為將來一定還會中樂透頭彩，結果背負巨額債務。簡單來說，不要因為過去一次中大獎的成功經驗，就認為以後一定也會中大獎。

　　威力彩中獎機率理論值約為 2,209 萬分之一，每期如果押注同一個號碼，約需 22,000 年才能中頭獎。請問我們有誰能活這麼久？萬一幸運中了頭獎容易使人產生貪念，以為可以不勞而獲的發大財，所以中獎的人會繼續投注下去，最後通常血本無歸。除非中了頭獎之後就不再去購買，才是真的賺很大，但是有可能嗎？事實上是不太可能的，因為當一個人沒有錢的時候，就會根據過去中頭獎可以立刻發財的經驗，繼續投注彩券，到後來通常是輸家，因為中頭獎的機率實在微乎其微。由此可見，除非是有閒錢或中獎要捐出大部分獎金做公益，可以試試手氣。如果存心只想要作發財夢，最好勿過度投注，否則買得愈多，失望也就愈大。

　　從前有一位小學教師想要在賺大錢之後再結婚，他想到最快的方法就是投資股票，於是拿自己先前購買的房屋去銀行抵押，還大量融資買進股票，因為買進的股票並不是績優股，又碰到景氣非常低迷，結果慘賠賣出，最後不但沒有賺到大錢，房子還被法院拍賣，變成無殼蝸牛，結婚的計畫也只好往後無限延長。如果當初他能按部就班，或許早就成家了。

77 勤儉致富

　　自古以來，大家常聽到「勤儉致富」的格言。雖然勤和儉都是台灣社會傳統的美德，可是在今天的社會時空背景環境下，一個人想靠勤奮工作與節儉而致富，恐怕不是那麼容易的事。也許勤儉只能過平凡的日子，例如：一位清潔工人、一位計程車司機、一位大廈管理員、一位公司職員、一位上班族，他們雖然天天敬業樂群，把自己的工作做到最好，但也只能夠賺取微薄的薪水，雖然省吃儉用，也不去投機賭博，或許可以勉強積存一些錢，讓家人得到溫飽。但是，這樣就想要致富，實在是一件很不容易的事，他們仍需時常憂心家庭生計以及退休後的生活。其實在現代 M 型的社會環境之下，勤儉的人只能小康而已。

　　有一些經營商店的老闆，每天辛勤工作，也不見得能多富有，例如：如果你開一家餐廳，經常高朋滿座，也不一定能賺大錢，因為店舖租金不斷調高，長時間辛勞所賺取的，通常比不上收租的房東所賺的多，也就是說，其實商店老闆只是變成為房東賺錢的工具。但這並不是說勤儉就沒有好處，如果一個人家無恆產，又不勤儉的話，下場可能會更為悲慘。

　　企業家通常有兩種習慣，就是有「賺錢」與「勤儉」的好習慣。很多大企業家的老闆，對每一分錢的動向瞭若指掌。但是，有很多負債的人，卻很容易一擲千金，大方刷卡。從前台灣大富豪王永慶在勤儉創業成功之後，仍然保持簡樸的習慣，肥皂快用完剩下一小片，黏貼到新肥皂上繼續使用，他搭飛機選坐經濟艙不坐頭等艙，這是勤儉致富最好的證明。

　　有些人勤奮工作，卻沒有理財的好習慣。台灣工人每天幾乎都要花上八個小時以上的工作時間，但是這樣的努力，卻未必替自己換來富足，重點就在於大多數人整天忙著上班，沒有充分了解目前最新的金融商品訊息，如果領到薪水就馬上花用，例如：經常上餐館大吃特吃、購買名牌商品，這樣當

然會讓自己辛苦賺來的錢像流水般消逝。

一個人到底能不能存錢致富，其實與理財習慣有關。日本經營之神松下幸之助曾說過：「一個人若想要致富，先決條件就是必須要愛錢」，這種想法可以改變自己的命運。否則，貧窮會永遠跟著你。

從前有一位家庭主婦，她將買菜剩下來的錢存起來，累積到一定數額就買黃金，經過三十幾年之後，巧遇黃金價格暴漲，她擁有的黃金已經足以購買一戶價值 1,000 萬元的房子了。

78 通貨膨脹

　　大約在 40 年前，台灣一般老百姓常講「百萬富翁」這句話。當時，一般公教人員的月薪大約 4,000 元。但今天 100 萬元在台北市精華地區卻買不到一坪土地，所以說：在現今的台北市精華地區，擁有百萬元不可說是有錢人。為什麼有這麼大的差距？其主要的原因是通貨膨脹。

　　從前有一個公立大學的資深教師，結婚之後就在學校附近租房子住，打算將來存夠了錢才買房子，他把每個月大部分的薪水存到金融機構。經過 20 年之後，通貨膨脹導致房屋價格漲了好幾倍，他仍買不起房子，因為存款利息趕不上通貨膨脹的速度。

　　我們如何才不會變成百萬元的貧窮人？最重要的是要擁有房地產或是原物料，例如：黃金、礦產。在利率低的時代，能夠向銀行借到錢，去取得房地產或是原物料，就是贏家。

　　很多人都以為祖先的產業絕對不能賣，如果變賣祖產就怕被人冠上「不孝」的名號，所以，很多人在鄉下的祖先產業就長期閒置著。長期以來，台灣偏僻的鄉下由於工作機會很少、交通不便、人口外流，因此房地產不容易增值，除非自己有辦法耕作，否則土地閒置荒廢著還是要繳納稅金的。

　　如果能與長輩溝通，賣掉鄉下的土地祖產，換到大都會周邊地區去購買房地產，大都市房地產漲價的幅度比鄉下快很多，甚至是祖產價錢的好幾倍，如果在都市置產，全家人可以居住在一起，同享天倫之樂。住在都市地區，小孩就學、老人就醫都很方便，也可以免去老人獨居鄉下，無人照料的困擾。

　　大都會地區由於交通便捷，公共設施好，生活機能較鄉村好，人口不斷從各地湧入，於是造成都市發展逐漸向外擴展。在繁榮的大都市裡，有時一間小小的商店可以吃三代，一間店贏過三甲農田。

　　台北的士林、北投、新店、木柵以前都屬於台北郊區，當年都市郊區的房價比較便宜，市中心的房價通常是郊區的好幾倍。如果當年賣掉市中心的房地產，換到大都會周邊地區更大面積的房地產，現在都賺很大。同理，現在台中、台南、高雄等大都市，周邊地區房價比較便宜，將來這些地方人口集中到一定程度，政府也會改善交通，增加公共設施，生活機能變好，房地產自然就有很大的增值空間。

　　幾十年前有一個債主，人家欠他一大筆債，欠錢的人在台北市南京東路有一筆土地約100坪，他跟債主說：「我將這一筆土地每坪價值10萬元，過戶給您折抵所積欠的債務，好嗎？」債主說：「我不會種田，我只要現金，不要土地。」殊不知經過幾十年之後，那塊土地已經漲了幾十倍。

　　古人說：「有土斯有財」，但是如果這塊土地位於台灣南部的鄉下，目前一坪大約只值幾萬元，其增值的速度就沒有那麼快。簡言之，土地是否有價值，還必須考慮土地所在的位置。

79 投資房地產的要領

據說有一位醫師在結婚之前想要購置新屋，於是找上房屋仲介商，他在仲介營業員帶領之下，去看一間土地約 50 坪的新別墅，這是一間新別墅面臨 20 米道路，建坪大約 100 坪，售價 4,000 萬元，經過洽談之後以 3,200 萬元成交。結婚之後這對新人就住進這間別墅，過著快樂幸福的日子。

當時房屋的對面是一塊空地，他們住在這個房子 15 年，然後想要移民到加拿大，這位醫師出國前想出售房子，結果這間別墅想賣都賣不掉，租也租不出去，真的虧很大，因為對面空地蓋了一座土地公廟。

一般房屋或土地買賣的仲介費，通常賣方要付 4%，買方要付 1 至 2%給仲介商。許多人都以為這是行規不能談的，因為房地產總價很高，但其實仲介費是可以商談的，如果不談，就吃大虧了。

因為房地產交易金額很大，如果沒有交易成功，仲介商就不能得到任何好處，所以仲介者都不會太堅持不二價。假設某人在台北市內湖出售一間房屋，成交價 5,000 萬元，他需支付給仲介商 200 萬元，如果在委託仲介商出售之前，先跟仲介商營業員談好仲介費 2.5%，只要 125 萬元，這樣就可以省下 75 萬元。由此可知，購買或出售房地產的仲介費，需跟仲介商洽談。

假設有人認為台灣知名超商一定不會歇業或搬走，因而拿了鉅款去購買這家超商，以為之後每個月會有很高的租金收益，比把金錢放在銀行的利息高出許多，而且將來又可以高價出售，但這個盲點就可能會使他損失很大。因為著名的超商如果營業額達不到預期目標，也可能歇業或搬走。

除了購買知名連鎖店有風險之外，投資著名上市公司的股票、購買基金、參加標會，都不要認為一定毫無風險，所以不要一下子把全部資金投下去，應該要有分散風險的觀念。一般來說，投資股票的風險總是比較大，投資房地產則相對比較穩當。可是，投資房地產必須注意幾個原則：

1. 買在大都市或都市周邊地區的房地產，漲價的幅度比較大。

2. 買在捷運站附近或交通便利的房地產，漲價的幅度比其他地區快。

3. 買在有人潮地方的店面，有收租金的效益。

4. 購買有名氣建設公司的房屋，比較不會跌價。

5. 購買房屋的資金不夠，可以向銀行貸款。

6. 資金不夠可以找人合夥投資。

7. 房屋買在狹窄巷弄，比較不會漲價。

8. 房屋的土地或房屋不方正，最好不要買。

9. 有分隔島道路兩旁的店面，比沒有分隔島的道路之店面，不容易漲價。

10. 房屋的視野佳，比較會漲價。

11. 房屋附近有名人進住，比較會漲價。

12. 房屋附近生活機能好，比較會漲價，例如：離捷運、學校、公園、銀行、車站、超商、醫院、百貨公司等都不遠的房子比較好。

13. 房屋採光、通風良好，比較會漲價。

14. 房屋有風水不可抗性，最好不買，例如：路衝、巷衝、死巷、鄰近焚化場、掩埋場、墳墓、面對壁刀、位於地震斷層帶等。

15. 房地產有許多地主或有法律糾紛，最好不買。

16. 住屋附近有爆裂物、殯儀館、屠宰場、鐵工場、加油站等，最好不買。

17. 頂樓的房子不買為宜。

18. 老年人要居住的房子，最好要有電梯。

19. 會漏水、有壁癌的房子，最好不買。

20. 頂樓或附近有養鴿子的房子，最好不買。

21. 附近有夜市的房子，不買為宜。

22. 四周圍附近都沒有住宅的房子，最好不買。

23. 朝西北方向的房子，最好不買。

24. 凶宅的房子不買。

25. 附近有環境污染性工廠的房子，最好不買。

26. 柱子有裂痕的房子，最好不買。

27. 屋齡太久，耐震係數不足的房子，最好不買。

28. 逃生通道堵塞或沒有逃生管道的房子，最好不買。

29. 比馬路低很多的房子，最好不買。

30. 附近有高壓電或變電所的房子，最好不買。

31. 違章建築的房子，最好不買。

32. 一排房子中間的房子，最好不買，因為台灣民俗認為：「中間的房子要挑兩邊的重擔。」

33. 沒有臨路或道路狹窄的土地，最好不買。

34. 海砂屋，最好不買。

35. 鋼筋輻射屋，不買為宜。

36. 房屋隔壁有超高大樓，最好不買。

37. 房屋位於八大行業區域，最好不買。

38. 房屋附近有變電箱、基地台，不買為宜。

39. 房屋土地不平整，地形不方正，最好不買。

40. 低窪地區的房子，最好不買。

80 房子不需花大錢裝潢

　　許多人買了新房子，就花大把鈔票來做室內裝潢，少者百萬元，多者上千萬元。其實新房子是否需要花大錢裝潢，要考慮將來是否會再換新房子，原來花大筆錢裝潢的天花板、大小廚櫃，大都固定在地板或牆壁上，都搬不走；如果出售房屋要把裝潢的錢加進去，新買主也不見得喜歡這些裝潢，因此除非經費充裕，否則買了新房子簡單裝潢就可以。簡單裝潢也可以自己動手來做，或買些系統家具、系統廚櫃，組裝的家具或廚櫃，將來如果換屋就可以搬走。

　　大多數人在購買新房子之後，剩下的錢不多，這時室內的沙發椅、燈飾、窗簾、桌子、椅子等，都可以直接向生產工廠購買，這樣會便宜很多。在購買新房子之後，等待房子完工的這段期間，可以去圖書館找室內裝潢的書籍，了解室內設計的基本概念，也可以去社區大學上課，聽聽室內設計師的經驗，或者可以看一般書店賣的室內設計雜誌。如果要做簡單的室內設計，最好考慮家具可以做多功能用途，增加收納空間。

　　一般人認為新房子就要花大錢裝潢，住起來才夠氣派、舒適，客人來訪時才會覺得很有面子。如果你有許多金錢，請室內設計師或是請裝潢師傅來設計，當然是好的；可是，如果是因為根深蒂固的觀念認為「室內設計」一定要請設計師，這樣子做出來的才叫做室內設計，而不得不花大錢，其實這不是正確的觀念。

　　木工、泥水、油漆都只是室內設計的一部分，一個家還需要有家飾布置，植物綠化與美化，更重要的是以後的維護。筆者看過很多人家，室內裝潢剛完工時看起來很優美，但是一旦人住進去經過一段時間之後，就看不出值那麼多錢。而且房屋不論裝潢的多麼豪華，都經不起火災。絕大部分花鉅額經費的豪宅或一般住家，幾乎都沒有準備滅火器，因為一般人不認為住家

有發生火災的可能。每個人都知道家裡發生火災很可怕,輕則家裡完全燒毀,嚴重者奪走人命。以前有一個社區,有一個家庭因為電線走火,屋主發現時趕緊跑去浴室拿水桶接水滅火,等他接了一桶水跑到客廳時,火苗早已燃起沙發與窗簾,還好全家人還來得及衝出屋外逃生,整個家當都燒光,家具裝潢也全毀,還因鄰居遭受損失而面臨民事賠償。如果他們當初在家裡放置滅火器,今天會這麼慘嗎?

81 買車開銷大

　　居住在大都會地區，大眾交通非常方便，例如：台北市、新北市、高雄市，出門坐捷運就可以輕鬆到達市區，不但省錢、省時而且又很方便，如果住家不在捷運附近，搭乘公車也是很方便到達捷運。如果你家住在大都會地區，買汽車當作通勤的交通工具，比每天上班來回都坐計程車，還是貴很多。

　　因為車子會自然折舊，一台新汽車開了三年如果要出售，大約只值原價的七折。如果買一部新車花了 60 萬元，三年後出售就可能賠了 18 萬元，這還不包括：保險費、汽油費、修理費、檢驗費、燃料稅、牌照稅、定期保養費、停車費、失竊、洗車費、高速公路通行費等。所以有人說：「養一台車子，就跟養一個小孩一樣。」

　　如何節省汽車的開銷？有一位四十多年修車經驗的汽車修配廠老闆，他說中古車不必定期到保養場去檢查，如果每隔一段時間，自己動手檢查車子有無缺水，機油、煞車油夠不夠，隨時補充水與機油，車子就不必花大錢去保養修理；車子盡量不要曝曬在大太陽底下，以免電子零件故障。在大都會地區加油很方便，汽車不必每次加滿油，行李箱少放置重物，都可以減輕車子重量。此外，開車途中不開車窗以減少空氣阻力；在距離目標約 10 分鐘之前，先關掉冷氣，以及輪胎氣壓足夠都可以節省油耗。

　　買車子最大的好處就是出入方便，而且比較安全。如果你家住在鄉下或沒有捷運的都市，其實買車還是有必要的。假如你剛出社會不久，每個月的收入又不多，如果為了避免上下班騎機車的危險，而非買車子不行的話，可以考慮買新的二手車。這種車子也許只開了一、二年，但是因為汽車折舊的關係，所以價錢比新車便宜許多，而且車子的性能還很不錯。如果有錢購買新車，最好到汽車電機行裝上暗鎖，以防失竊。此外，不論新的或二手的轎

車，最好要知道如何自己處理汽車的小毛病，否則很難避免常為了修車要花上大把鈔票。此外，大型車比較耗油，牌照稅、燃料稅與保險費也都比較貴，而且又不好停車，所以上班族除非有必要，否則可以考慮購買小型車。

新手開車上路，車子板金有小刮痕實在很難避免，而且有時候是別人的車子不小心來碰撞，或有人故意刮傷你的車身。如果你的愛車板金有一點刮痕，不必每次急著去處裡，可以在即將出售舊車換新車的時候，再做一次總處理，這樣比較省錢也省時間。

82 購買保險

俗語說：「天有不測風雲，人有旦夕禍福」，購買保險，除了可以預防不能預測的事情之外，還具有儲蓄的功能，也可以減少所得稅，所以購買保險對許多人來說，其實是有必要的。但是保險有許多商品，例如：汽車險、火災險、海上險、意外險、傷害險、健康險、產物保險、傳統型壽險、傳統型年金、投資型壽險、投資型年金等，應如何選擇才對自己最有利？

在購買保險之前，應先考慮自己的財力與實際需要，簽約之前要仔細了解契約書的內容，不宜只聽保險業務員片面的說詞。一般來說，人壽保險要保人愈年輕，每期繳交的保險費就愈少，換句話說：「愈年輕參加人壽保險，就愈有利。」

由於人壽保險大都是長期性的，所以繳交的總金額很大，例如：每一個月繳 5,000 元，30 年總共繳了 180 萬元，假設參加保險期滿可以領回 250 萬元，許多人都以為賺了 70 萬元很划算，所以就聽信保險業務員的建議，而購買人壽保險。但要保人在購買這類商品時，應考慮 30 年的通貨膨脹。

台灣在 40 年前，一般民間常常可以聽到一句話：「百萬富翁」，當時一百萬元真的是富翁；但是 40 年之後的現在，100 萬元不但不是富翁，而且可以說是貧窮人也不為過，為什麼會這樣？因為通貨膨脹導致物價不斷上漲。所以購買這類商品需慎重思考，如果要購買的話，金額不要過大，時間也不宜太長，不然幾十年後雖然領回一筆鉅款，但是到時候領到的人壽保險費就不太值錢了。

一般人比較願意購買人壽保險，但其實各種意外險最好都要購買，因為沒有人知道什麼時候會發生意外，而且意外事件也不容易預防，例如：地震、火災、搭乘飛機、開車、騎機車、坐船、搭纜車、騎單車等，隨時隨地都有可能發生意外。

83 分配財產給子女

在台灣的傳統社會裡，父母大部分的財產都要留給兒子，女兒只有象徵性分到一些嫁妝，有些父母擔心自己過世之後，嫁出去的女兒會回來爭取財產，於是趁著父母還在世的時候，要女兒先簽下財產拋棄繼承書，事實上這是很傷感情的事。許多父母這麼做，是基於兒子繼承香火的傳統觀念，事實上這也是傳統信仰或習俗的迷思。

每一個父母必須預留足夠老夫妻自己使用的養老金，因為老人家退休之後沒有收入，加上年紀大容易生病，如果自己年輕時不努力賺錢與儲蓄，等到年老貧窮再來伸手向孩子要錢，那日子可就難過了。因為在生活激烈競爭的今日社會，孩子成家之後要養活他們自己一家人，就已經很不容易了。

有些父母過世之前沒有把財產分配好，自己往生之後孩子為了爭奪父母的遺產，容易發生嚴重爭吵、鬥毆，甚至對簿公堂或兇殺命案，嚴重傷害手足之間的感情與和氣，這實在很不可取。雖然父母財產分給子女沒有一定的公式，但是如果能考慮以下原則，是比較合情合理的作法：

1. 父母在世的時候，不要把全部財產過戶給兒女，讓他們各自去奮鬥。
2. 如果子女失業或結婚之後家庭生活確實有困難，可以預先給一部分資金。
3. 父母年老生病，子女照顧父母比較多的人，就多分一點遺產。
4. 可以把一部分財產，捐給學校、教會、基金會、社會福利慈善機構。
5. 如果為了減少遺產稅，每年可以依政府規定，先給孩子一些資金。
6. 如果遺產很多，除了分給兒女之外，還可以成立財團法人基金會，做社會公益造福人群。

84 防止被詐騙

一個人即使有許多財富，稍有不慎就容易受騙上當，甚至變成一無所有。詐騙集團通常都經過縝密的計畫，例如：配合名人的站台支持，以獲得投資大眾的信任。又如，一名男子冒用某商務集團名義，在網路上以開設網路商店為由吸收會員，先遊說投資人以每年 30 萬元入會購買他的網路店面，會員可以透過他的網路平台來銷售商品，保證一年可回收 180 萬元，該男子為取得會員的信賴，於是接受雜誌、電視專訪，使投資會員深信不疑，一旦誤入圈套便血本無歸。

騙術大都針對人性的貪婪精心設計，詐騙手法也不斷推陳出新，若疏於查證就可能受騙上當，防範詐騙的方法如下：

1. 避免遺失個人重要文件：郵局或銀行帳戶存摺（包含不用之存摺）、空白支票等資料，應妥善保管避免遺失。對需要用簽（蓋）章作為鑑定辨識依據之文件，應以簽名代替印章，較能防止印章被仿冒或盜用。

2. 有人要你填寫問卷調查時，只填寫姓氏及大約年齡。

3. 信箱應加鎖，廣告信件勿隨意棄置，避免歹徒取得資料。

4. 注意自己郵局、銀行或信用卡帳戶內金額的改變，隨時與郵局、銀行保持聯繫。

5. 如有遺失身分證，應立即向警方報案，並上警政署網站查詢是否已經完成遺失登錄。再到戶政單位申請掛失，上網進入戶政司「國民身分證領補換資料查詢」，確定戶政機關已更新資料完成登錄。經戶政機關簽章確認無誤的身分證補換申請書影本，函送金融聯合徵信中心建檔，金融中心的地址是台北市重慶南路一段 2 號 10 樓，電話是 02-23813939 轉 201、209。

6. 遇公務人員執行職務時，除了從相關執行人員服飾及佩件認明外，應請其出示身分證件。

7. 勿撥打不明人士所提供之電話，應先向 104 或 105 查詢電話中所提單位之正確電話號碼後，再向該機關查證。

8. 不依照不明人士要求至提款機轉帳或到金融機構櫃台匯款。

9. 不聽信「電話」通知退稅領錢、中獎或資料外洩，而依照別人指示操作 ATM 提款機轉帳或更改資料。

10. 不可在電話中向他人告知自己的銀行帳號、身分證號碼等資料，以免成為「人頭戶」。

11. 若遇手機簡訊勒索，應撥打 110 或 165 專線電話報案，以防被害。

12. 如有人謊稱已將學童擄走，或尾隨民眾車輛違規停車被拖吊，將警方書寫在地面之粉筆資料擦去，再與車主聯絡，遇有此狀況應詳加查證，並撥打 110 報案。

13. 網路購物選擇有信譽之拍賣網站或購物網站，了解交易貨主之信用、風評等，並注意網址是否為仿冒網站。在未確認物品前勿將款項匯出，盡可能以當面交易並銀貨兩訖的方式交易。

14. 如有人以美女交友為幌子，藉由聊天探聽網友的身分資料及財力資料，或提供六合彩必中號碼，此時請勿出資購買。

15. 如有人告知你中了彩券大獎，應先向該彩券保證公司或相關見證機關查詢，而且透過 104、105 電話再查詢。正當公司在舉辦刮刮樂彩券贈獎活動時，領取彩金必須先扣繳稅金。為免受騙可親自登門拜訪，以確定真假。

16. 儘量在銀行、郵局或其他金融機構內部提款機提款，避免在不明提款機或臨時設置之提款機提款，以防金融卡遭複製盜領。

17. 金光黨行騙對象以教育程度較低、鄉村年老者居多。應提醒他（她）們有關歹徒行騙手法，並勿與陌生人閒談。其存款簿、印章應分開存放或交給家人代為保管。另金融業者遇客戶（尤指老年人）有異常提領鉅款時，應主動查詢或通報警察到場了解實情。

18. 收到他人所開支票時，應先注意開戶（票）時間，可經由銀行徵信其開戶日期、往來情形及存款基數。如開戶時間太短且金額龐大時，更要特別留意。

19. 房屋買賣要找信用可靠或熟識的代書經手，對所交易的標的物應先徵信其土地資料，了解其設定狀況及貸款情形，並可向原屋主查詢，或利用電腦連線查詢該案情況，若情況有疑慮，應暫緩簽約。

20. 有人告知你的親友傷病急需救助時，應先打電話確認在哪間醫院，哪一個病床，並向相關親友探詢釐清實情，避免受騙。

21. 有人招攬旅遊或代辦信用卡，聲稱可以提供最優惠價，並以代辦護照為由請你交身分證、手續費等，應先向財政部、建設局及稅捐機關查詢該公司是否有立案，並按址訪查該公司。

22. 打工應注意書面契約內容，如有預扣工資、未服務滿工作天數不發薪、要求預繳保證金、簽訂放棄一切民事賠償條款、強迫加班條款或不加班扣錢，以及扣押身分證等事項，絕不可輕易簽約，應向學校或勞工行政單位反映。

23. 不聽信不實的商品、醫藥廣告，只向特定之經銷商或藥局購買，以免買到假貨或假藥。

24. 檢察署、法官或警察機關，不以電話或傳真公文辦案，亦不派員收取現金或要求匯款。

25. 反詐欺諮詢專線：請撥打 165 或 110。

暑期打工應注意之事項：

1. 應徵面談應有家人或朋友陪同。

2. 不喝對方提供的飲料。

3. 在未看清楚合約書內容之前，不簽訂合約。

4. 身分證、印章不可輕易交給他人。

5. 不隨意將身分證提供他人影印。如有需要，身分證影本應予註明限定用途。

6. 領取薪資時，務必核對印領清單上之金額與實際核發之金額是否相符，切勿在未填明金額之工資表上簽名或蓋章。

7. 保留相關薪資資料，例如：薪水袋或匯款文件等，以備日後證明。

8. 收到扣（免）繳憑單時，要核對給付總額及扣繳稅額有無被虛報或浮報情形。

9. 不可一時貪圖小利同意雇主虛報薪資，幫助他人逃漏稅。

健康篇

85 避免病從口入

俗語說：「病從口入」，不良的飲食習慣會傷害身體健康。飲食方面應注意以下幾項：

1. 不宜大量攝取乳酪、蛋、牛油、香腸、油炸等食物，以免造成心臟病。

2. 避免大量攝取燒烤、發霉、過期或有農藥殘留的食物，以免導致癌症。

3. 避免攝取高鹽分的食物，以免造成高血壓。

4. 少攝取熱量過高的食物，以免造成肥胖，進而導致糖尿病。

5. 避免大量吃熱狗。

6. 男性避免大量攝取肉類製品，以免得到攝護腺癌。

7. 要吃含有鈣質的食物，以免產生骨骼方面的疾病。

8. 以白開水代替飲料，一個成人每天大約需要喝 2,000 CC 的開水，避免喝含有塑化劑的飲料。

9. 多攝取蔬菜、水果、高纖維的食物，有助於消化與排泄系統，並且可以預防高血壓、動脈硬化，以及大腸癌的發生。

10. 三餐飲食均衡，正餐以外少吃零食。

11. 盡量少喝或不喝烈酒，以免傷害肝臟。

12. 不要暴飲暴食，以免傷害胃腸。

13. 每週一或二天吃素，讓腸胃得到休息。

14. 不偏食，每天最好吃 30 種以上的食物。

15. 外食盡量選擇套餐，避免食用單一料理的麵類或蓋飯。

16. 吃飯速度太快，容易吃得過多而產生肥胖，最好每一口咀嚼 20 下。

17. 一天用餐次數愈少，愈容易肥胖。

18. 每天至少喝一杯牛奶補充鈣質，預防骨質疏鬆症的發生。

19. 感冒時宜補充水分與熱量，例如：吃含有蛋白質、維他命、礦物質的食物。

20. 吃魚貝類食物，有助於降低心臟血管疾病、胃癌、肝癌、子宮頸癌的發生。

21. 吃香菇、海藻、大豆、蔬菜等類食物，有降低膽固醇的效果。

22. 空腹常喝大量綠茶，容易得胃病。

　　影響個人健康與疾病的因素，大致可以分為四大類：第一類為心理因素，包括：壓力、應付壓力的技巧、人格特質、對疾病的心理反應；第二大類為生活方式；第三大類為生理因素，包括：生活環境、免疫力、遺傳因子；第四大類為社會因素，包括：環境與公共衛生、衛生教育、醫療體系、污染防治、社會支持等。健康就是財富，為了身心健康，個人應注重上述因素。此外，定期接受健康檢查，是非常有必要的。如果覺得身體不適，應早日接受合格醫師診斷與治療，這樣才能夠長保健康。

86 運動與休閒

　　現代人生活競爭激烈，工作壓力大，無形中亦減少了運動與休閒的時間，進而影響生活品質。近年來，有些人因為工作時間過長，導致過勞死，如果能適度運動與休閒，或許可以避免悲劇的發生。人類是動物，所以要活動才能健康，運動的好處如下：

1. 可以促進血液循環，減少心臟血管疾病的發生，降低高血壓。
2. 規則性運動可以消耗體內貯存的多餘熱量，達到減肥的效果，進而預防糖尿病以及呼吸系統的疾病。
3. 多運動可以減少結腸癌、乳癌及其他癌症的發生。
4. 運動可以使人減少由壓力所產生的各種疾病，亦對降低憂鬱很有幫助。
5. 參加團體式的運動，可以增進人際之間的交往與溝通，對於降低焦慮、緊張不安、憂鬱症，以及增強自我概念等，都有很大的幫助。
6. 運動後腦中含氧量提高，能釋放出腦內嗎啡，可以增進思考敏銳度與舒適感。
7. 運動可以降低曠職率，增加工作滿意度。

　　運動可以預防甚至治療許多疾病，適合各年齡層的運動包括：有氧運動、慢跑、騎腳踏車、體操、游泳、打太極拳、划船、散步等。運動需要注意以下事項：

1. 運動前需先暖身，以免造成運動傷害。
2. 在空氣污濁的地方不適合運動。
3. 飯後或睡前不宜做劇烈運動。
4. 心臟病患者不可做劇烈運動。

5. 孕婦較適合的運動是散步。

6. 老年人適合快步走，不適合長期劇烈運動。

7. 運動時要注意關節以及肌肉不受扭傷。

8. 運動要每天持續，每天最好運動約一個小時。

　　走路是鍛鍊身體健康非常好的方式，每天大約走一個小時，但是走路也是有方法的，年輕人要快步走，一分鐘要達到130步，心跳要達到一分鐘120下，才能達到鍛鍊心臟的目的。若這樣堅持半年，心肺功能可以大幅度提高30%到50%。

　　許多不良的生活習慣有礙身心健康，身體健康亮起紅燈就會產生很大的心理壓力。生活在工商業社會的人們，因工作相當忙碌，生活競爭劇烈，因此常過著熬夜、晚起的生活。這種違反早睡早起自然律的作息方式，對健康相當不利，許多疾病都是由此產生。

　　今日許多大學生，平時即使沒有課業壓力，也過著「夜貓子」的生活，這對健康可以說弊多利少。這種生活型態如果不加以改變，年輕時候或許尚不覺得有何害處，但是長此以往，過了中年可能百病纏身或未老先衰，這實在值得我們警惕。

　　休閒不只是休息，休閒是在輕鬆的情境下，從事「快樂學習」，只要休閒態度與方式正確，休閒有助於培養以下六種能力：

1. **活化腦力**：從事學術性或益智性質的休閒活動，能有效激發思考、強化腦力。大前研一認為，進行各種休閒，適當的放鬆自我，有助於腦力開發以及形成新觀念與創意。

2. **強健體魄力**：運動性質的休閒活動，能夠促進血液循環，調整心肺功能，促進良好新陳代謝，可以活化體力，紓解情緒，儲備充足的體力，達成有效率的學習。

3. **挫折容忍力**：社會大眾對新一代孩子的普遍觀感，就是抗壓性低，又稱「草莓族」。尤其在升學主義之下，培養了一群只會讀書的孩子，當他們面對各種挫折時，卻缺乏克服壓力的毅力與能力。孩子在參與

休閒的過程中，會經歷成就感、挫折感、開心、沮喪等經驗，這有助於提升他們面對壓力與忍受挫折的能力。

4. **團體合作溝通力**：參與營隊活動如同置身於一個小型社會，孩子能從中學習尊重、人際溝通，減少疏離感，甚至可以建構良好的人際網絡，透過團體活動學習與他人合作，孩子就能培養互相學習、團隊合作的能力。

5. **主動學習力**：孩子若對自己從事的休閒活動感到興趣，並且能主動積極參與，就能養成主動、專注的精神，能帶給孩子自信、快樂的學習。

6. **未來職業試探力**：根據一些學者的研究發現，成人所從事的活動，其實與他在兒童時期的遊戲或休閒有密切相關，例如：在北京奧運大放光彩的美國游泳選手菲爾普斯（M. F. Phelps），從小就喜歡游泳，他幼年時的休閒興趣就成了他日後的職業。而休閒的另一妙用，就在於多方嘗試，培養自己多方面的可能性，相對的也因為實際接觸，而能夠更了解自己的性向，進而探索出未來適合職業的方向。

87 病由心生

　　一個人一生中最重要的就是健康，如果失去了健康，即使擁有再多的財富也是空的。一般人常以為健康就是生理方面的健康，其實，人類是有思想、有情緒、有知覺、有感情的動物，當心理方面不健康，就容易引起身體上的疾病。根據心理學家的研究，人類絕大部分的疾病都根源於心理層面，例如：過度肥胖與幼年口腔的慾望得不到滿足有關；胃腸疾病起因於內心過度焦慮；心臟疾病來自長期壓力與緊張；氣喘表示內心不平安的小聲哭泣；癌症原因大都不明，但是與情緒、壓力過大脫不了關係；憂鬱症與悲觀、負面的思考模式有密切關係。人類皮膚是人體與外界環境的第一道圍牆，如果內心壓力過大，第一道圍牆會崩潰，就容易產生皮膚病。

　　喜樂的心乃是良藥，所以要治病需要先治心。許多醫師以為，使用藥物就可以治好患者的一切疾病，其實不然。根據心理學家的研究，人類的疾病大約 75% 是來自於心理因素。如果疾病的根本原因在於心理層面，則使用藥物只能治標不治本，心病還是要心藥醫。

　　筆者曾經協助一位長期氣喘的大學生，改善氣喘的老毛病。該生從小時候就開始有氣喘疾病，經過長期中、西醫治療，都沒有明顯改善。筆者與該生晤談之後，發現該生小時候父母常吵架，媽媽有時揚言要去自殺，於是在其潛在意識裡，很擔心媽媽會自殺，氣喘就是來自於內心的吶喊，經過心理治療之後，該生氣喘的毛病終於不藥而癒了。

　　每一個人都有生病的經驗，許多疾病不是來自感染病毒，而是來自心理的問題，例如：小孩生病父母過度擔心，輕微感冒也讓孩子在家休息，甚至送玩具給小孩，這樣孩子就容易學到生病可以帶來的好處，因此以後這個孩子就會很容易生病。不少病人因為在生病期間，可以得到別人的注意、同情、關心，甚至可以獲得他人贈送不少禮物，因此造成病患在潛意識裡，期

望再生病以得到好處。因此，這類病人常有頭疼、胃痛、喉嚨痛、背痛、腹瀉等輕微疾病。由於患者的病因來自心理因素，而不是器官的病變或感染病毒，因此採用心理治療來減輕或消除其心理壓力，才是治療病患疾病的根本辦法。

88 疾病與個性有關

　　有些人因為工作時間過長又經常超時加班，壓力過大導致過勞死，近年來，這種現象有逐年增加的趨勢。這種人大都因為心臟病發作而猝死，其中以科學園區的科技新貴、高階經理人，或長時間從事學術研究工作的學者居多。

　　人類有許多疾病是由心理因素所造成的。許多心理學家認為，過大的心理壓力容易使人情緒惡化，因而產生各種疾病，例如：心臟病、胃潰瘍、氣喘、皮膚病、偏頭痛等。後來，更有心理學者發現，中風、肺結核、風濕性關節炎、糖尿病、白血球過多症、癌症、過敏、傳染性疾病、長期背痛、性無能、難產、疝氣、青光眼、陰道感染、疱疹、甲狀腺腫大、血友病、盲腸炎、便秘、牙周病、感冒等疾病，也都是由心理壓力過大所引起的。根據心理學家的研究發現，一個人常自覺比朋友成就低的人，容易罹患心臟病、糖尿病、癌症及高血壓。不同人格者常見的疾病如下：

1. A 型性格：美國心臟病學家佛雷德曼與羅森曼的研究發現，心臟病患者大多具有 A 型性格，這類型的人具有與人競爭、求好心切、好勝心強、個性急躁、做事求完美等人格特質，這種人在都市化的工商業社會中最常見。由於日常生活中存有許多機會，凡事都要競爭，勝者生存，敗者被淘汰。在這樣重大的生活壓力情境下，內分泌腺分泌出有毒的物質，就容易使人生病。心臟醫學家的研究發現，A 型性格者罹患心臟病的機率，是 B 型性格者的六倍。

2. B 型性格：B 型性格與 A 型性格相反，具有這類人格特質者，凡事從容不迫、悠閒自在、怡然自得、一切隨緣、與世無爭、對名利看得很淡薄，這種人比較不會罹患心臟病或高血壓。到底如何才能活得自在？就是要凡事往好處去想，時時存好心、說好話、做好事，培養良

好的興趣與嗜好，有豁達的人生觀，盡心隨緣的心，才能夠讓自己活得自在又快樂。當我們有煩惱而不能夠自在的時候，可以檢查自己的心，到底出了什麼事，為何讓自己的心罣礙、放不下？是情感的執著？聲望的牽絆？財富的貪求？還是高傲的自尊？擁有一份隨緣之心，你就會發現，天空中無論是烏雲密布，還是陽光燦爛，生活的道路上無論是坎坷還是平順，心中總是會擁有一份平靜和恬淡。

3. C 型性格：有些人的個性屬於 C 型性格，具有這種人格特質的人，凡事自我克制、服從權威、自我犧牲、做事有耐心、常吃悶虧、避免向人表現憤怒或不滿的情緒，這種人長期壓抑自己不愉快的情緒，心情不好也沒有傾吐的對象，容易罹患情感性疾病或癌症，而且患病後病情比較容易迅速惡化。

有一個人得了癌症，經過治療一直都沒有起色，於是放下一切去環球旅行；經過一年之後，再去醫院檢查，醫師發現癌症不見了，醫師問他有吃什麼藥？他說：「沒有。」原來這個患者是因為壓力得到完全釋放，可見不是任何重大的疾病都需要藥物治療的。另外，在美國有一個牧師的媽媽罹患肺癌，經過幾位醫師診斷她只能再活幾個星期，但是這個病人因為有堅強的基督教信仰，她每天告訴自己：「上帝不會離棄我，祂必帶領我走過死蔭的幽谷，我一定會有美好的未來」，結果她再活了二十幾年，到現在還活著，這與其樂觀的性格應有密切關係。

有一個研究發現，樂觀的人在醫院接受大手術之後，身體復原的速度比悲觀的人快得很多（Scheier et al., 1989）。一般人生病總以為吃藥就能復原，其實不然。由於人類有許多疾病是來自心理因素，因此患者要有喜樂的心，再配合藥物治療，這樣比較有效果。

89 喜樂的心乃是良藥

　　憂鬱症、癌症與愛滋病被公認為本世紀人類的三大疾病。憂鬱症是最常見的情感性疾病之一，患者常有失眠、情緒低落的現象。嚴重憂鬱症患者會企圖自殺，男性自殺死亡的人數百分比高於女性。一個人假如長期陷入情緒極端低潮，就有憂鬱症的特徵。在精神醫學上的診斷，患者如在兩週內出現下列五種以上的症狀，就可以視為憂鬱症：

1. 經常心情煩悶。
2. 對任何事情缺乏興趣。
3. 經常失眠或睡眠過長。
4. 經常疲倦不堪，無法專心。
5. 時常心情激動，急躁不安。
6. 時常意興闌珊，動作緩慢。
7. 覺得自己沒有價值感，充滿悲觀與絕望。
8. 時常存有自殺的念頭。

一、憂鬱症的類型

1. 重度憂鬱症。
2. 輕鬱症。
3. 次要憂鬱症。
4. 退化性憂鬱症。
5. 季節性憂鬱症。
6. 產後憂鬱症。

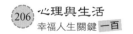

二、憂鬱症的原因

1. **負面的思考**：憂鬱症患者常有負面的思考，對自己或其他人、事、物，常抱持負面的思考模式或錯誤的推論，進而產生認知的扭曲。憂鬱症患者大都缺乏正向思考，對自己或其他人、事、物，抱持負面的思考模式或錯誤的推論，進而產生認知的扭曲。如下表所示：

憂鬱症患者認知的扭曲

認知扭曲	特　徵
二分法	對任何事情的看法很極端，例如：不是對就是錯，不是成功就是失敗。
以偏概全	遇到一件小挫折就認為完蛋了，例如：有一科不及格就認為會被退學。
悲觀	對人生很悲觀，認為努力也沒用，例如：覺得自己的病不會好了。
偏激	只注意某一方面，例如：只注意別人的批評，卻忽略他人的關懷。
誇大	將一個小問題過分誇大，例如：呼吸不順就以為得了肺癌。
妄下結論	沒有明確證據就輕易下結論，例如：頭痛就認為可能是腦瘤。
自責	責怪自己能力不好，例如：自己很笨所以成績差。
責怪他人	認為今天的我是別人造成的，例如：我生病都是媽媽害的。
錯誤歸因	對事情的因果關係做錯誤推論，例如：我如果讀一中就會考上醫學院。
宿命觀	認為命運是老天註定的，例如：別人沒憂鬱症，老天對我不公平。

2. **遺傳**：根據許多研究報告顯示，憂鬱症、躁鬱症與遺傳因素之間，彼此有顯著的相關。同卵雙生子其中一人如果罹患憂鬱症，另一個人有三分之二以上的可能性罹患此症；同樣的情形，異卵雙生子只有15%。躁鬱症受遺傳的影響大於憂鬱症，憂鬱症有70%來自遺傳，30%係受環境的影響，躁鬱症受遺傳的影響大約占85%。

3. **腦部異常**：憂鬱症與躁鬱症患者，大腦前額葉皮質與海馬迴縮小，從腦部核磁共振造影（MRI）可以發現，憂鬱症患者大腦皮質的活動量比一般人低，但是大腦杏仁核的活動量有時反而會增加。此外，憂鬱症患者腦中一直盤據著痛苦的記憶，因而導致腦神經系統壞死的現象。躁鬱症患者發作時，大腦杏仁核的活動量會升高。此外，個人如果腦神經病變，例如：腦瘤或自律神經失調等，也有可能導致情感症。

4. **神經傳導物質不平衡**：根據最新的醫學研究，大腦中腎上腺素、血清素（serotonin）與乙醯膽鹼（acetylcholine）等三種化學傳導物質不平衡，會影響個人的感情。其中腎上腺素與狂躁症有密切關聯，血清素與憂鬱症有連帶關係。

5. **其他因素**：罹患癲癇、甲狀腺功能失調、癌症、心臟疾病、新陳代謝異常、嚴重外傷或久病不癒、父或母早逝、生活中遇到大的壓力、貧窮、失業，產生習得無助感、完美主義的性格、日照時間較短，身體褪黑激素分泌不足等因素，都與罹患情感症有關。

三、憂鬱症的治療

服用抗憂鬱劑大約三週以後，就能逐漸看到效果，憂鬱症患者服藥必須配合主治醫師的意見，不宜任意停藥以免復發。但是，服藥只是治標而不治本，要想完全根治，尚需配合諮商心理治療，最重要的是患者要養成正向思考習慣，隨時保持喜樂的心，多感恩惜福，加上親友的關懷、社會的支持、多運動與休閒、多增強自信心、多饒恕他人、減輕各種壓力、多參與各種社會團體活動，這樣才能使憂鬱症完全消失。

90 克服恐懼心理

　　每一個人都有恐懼的經驗，恐懼有助於保護自己，也有助於提高做事的信心與效率，並防止肆無忌憚、胡作非為。可是，過度恐懼就會影響工作效率以及日常生活，例如：因為害怕在別人面前出糗，於是過度小心翼翼，反而容易失常；因為害怕平穩的生活發生改變，永遠不敢做新的嘗試，所以不會有進步。

　　一個人的恐懼感如果自己都控制不了，就可能發展成一種心理病態，把小小的威脅看作生死攸關。許多恐懼症是由學習而來，例如：「懼高症」、「動物恐懼症」、「黑暗恐懼症」、「飛行恐懼症」、「懼水症」等，都不是天生的。有些患者害怕在公眾場合失控、暈倒、不省人事，於是長期足不出戶，這就是「廣場恐懼症」。有些患者把一點不乾淨，聯想為成千上萬致命的細菌，於是拚命清潔消毒，是「強迫症」的一種常見症狀。

　　過度恐懼來自思想習慣中的「負面概念」，可以分為「自我矮化」和「誇大威脅」兩種。「自我矮化」其實就是缺乏自信，由於過去的挫敗經驗，或成長過程中總是受到父母、親戚、朋友的輕視，當遭遇困難的時候就自動浮現出「我不可能成功」、「我一向都是失敗者」之類的想法。「誇大威脅」就是把事情的結果想像得過於嚴重，古人說「勝敗乃兵家常事」，可是有些人會把一次失敗看成一生的失敗，覺得自己是永遠的失敗，會變成每個人的笑柄，並且抬不起頭來。

　　有些人屈服在恐懼之下，沒有信心也沒有決心去把它克服，一直抱著迴避的態度。培養自信心，練習多用正面積極理性的方式來思考問題，例如：有一位婦女小時候有一次不聽話，被媽媽關進衣櫥，後來就產生幽閉恐懼症，她不敢獨自一人去搭乘電梯，筆者為了培養她的自信心，叫她把搭電梯想像成坐在搖椅那麼舒服，經過多次練習之後，她就能克服搭電梯的恐懼心

理。

人對於某些人、事、物的恐懼感不是天生的，而是後天學習而來的，例如：有一名小孩本來不害怕白老鼠，但每當這小孩看見白老鼠時，有人立即發出令他恐懼的聲音，大約經過十次恐懼的聲音與白老鼠配對出現之後，這個小孩看見白老鼠就會產生恐懼。後來這個小孩看見類似白色的物品，例如：白狗、白貓、白色衣服等，也都會產生恐懼心理。

有些人對於毫無危險的情境或事物，會出現強烈又無法控制，且不合理的懼怕，以致於妨礙其日常生活進而造成焦慮不安，把小小的威脅看作生死攸關的事，患者常想辦法逃避其所害怕的對象。常見恐懼的對象如下：

1. 幽閉恐懼症：害怕在狹窄的空間。
2. 空曠恐懼症：害怕經過空曠的地方。
3. 懼高症：害怕站在高的地方。
4. 動物恐懼症：對某一種動物特別恐懼。
5. 黑暗恐懼症：不敢單獨處於黑暗的地方。
6. 懼水症：害怕接近水。
7. 單獨恐懼症：害怕單獨一個人。
8. 飛行恐懼症：害怕搭乘飛行器。
9. 陌生人恐懼症：對陌生人很恐懼。
10. 懼蛇症：害怕見到蛇。
11. 社交恐懼症：害怕參與社交活動。

克服恐懼心理其實就是培養自信，多用正面、積極、理性的方式來思考問題，把大問題分拆成小問題，然後一點一滴地去解決。筆者有兩位朋友是大學教授，雖然都有汽車駕駛執照，但是從來不敢開車上路。其中一位要到什麼地方，都要太太開車接送，非常不方便；而另一位出門都搭乘公車或大眾交通工具，其根本原因是擔心發生車禍。其實他們如果能突破心理障礙：「只要我的車子不去撞別人，別人就不會來撞我」，這樣就敢開車上路了。

91 減肥瘦身

　　世界衛生組織於 1966 年將肥胖列為一種慢性疾病。身體質量指數（Body Mass Index，簡稱 BMI）被世界衛生組織認定是體重的指標，BMI ＝體重（kg）÷身高（公尺平方），最理想的體重 BMI 等於 22。肥胖是指體重超過理想體重的 15%至 20%。

　　肥胖除了影響一個人的外觀，還容易產生許多疾病，最常見的有：心臟病、糖尿病、高血壓、動脈硬化、中風、痛風、關節炎等，所以許多肥胖的人都想減肥瘦身。產生肥胖的原因很多，除了遺傳之外，大多與飲食過量有關，肥胖的人往往喜歡攝取高熱量食物，例如：炸雞、乳酪、漢堡、冰淇淋以及各種甜點等。他們雖然三餐的食量不比正常人多，可是零食吃得比較多，又喜歡吃速食，常常一邊做事、一邊吃東西，吃飽了還不自覺；或者有吃宵夜及一日多餐的習慣。

　　肥胖者比較容易受到各種美食的吸引，例如：看見香噴噴的食物或他人吃食物就會產生想吃的慾望。每一個人從事各種活動，身體所消耗的卡路里（calorie），都需要由食物來補充，經由飲食所產生的熱量，大約三分之一就足夠個人基本作息活動所需，其餘三分之二會儲存在體內。如果一個人缺乏運動來消耗這些多餘的熱量，體內新陳代謝減緩、脂肪累積增加，久而久之體重就會增加。

　　許多肥胖者到減肥院或健身中心，接受減肥訓練，每天吃少量且低熱量的食物，同時又配合運動訓練及睡眠時間的限制，經過一段時間之後體重會下降很多，甚至接近理想體重。可是，許多大胖子在減肥成功回家之後，由於無法自我節制飲食又不喜歡運動，睡眠時間又長，導致復胖，其體重甚至比減肥之前還要重；足見自我節制才是減肥是否成功的重要因素。有些人小時候家裡貧窮，沒有什麼東西可吃，長大之後就想滿足口腔的慾望，這是造

成減肥不容易成功的潛在心理因素。

　　根據美國精神醫學會在 1994 年出版的《心理疾病診斷與統計手冊》（第四版）（簡稱 DSM-IV）一書的說明，厭食症與貪食症都是心理變態。青春少女想要保持身材苗條，容易認為自己太胖，於是過度減少飲食，嚴重者甚至成為厭食症患者，其人數百分比大約為同年齡男性的十倍；與厭食症相反的貪食症，患者常大吃大喝，然後以瀉藥或催吐方式把吃進去的食物吐出來，這種個案以年輕女性居多。

　　既然肥胖與個人飲食習慣有關，那肥胖者該如何自我節制飲食？首先要養成測量體重的習慣，經常觀察自己的體重紀錄資料，如果發現有明顯增加的現象，就要做好自我管理，盡量少吃、少睡、多運動，最好每週吃素食一天或兩天，讓胃腸得到充分休息，加上日行萬步，如果能持之以恆，將能有效控制自己的體重。

92 克服失眠

睡眠對個人的生活品質與工作效率都有很大的影響，許多人無法安然入睡，或不能從睡眠中獲得真正的休息，整夜意識清醒或太早清醒過來，甚至需要依賴藥物才能改善失眠的現象。比較常見的失眠有以下幾類：

1. **短暫性失眠**：患者短暫性失眠是由壓力、飛行時差，以及其他情境因素所造成的。情境因素有很多種，例如：破產、親人病故、換床鋪睡覺、離婚、失戀、考試失敗、戰爭、失業、地震、觸犯法律等生活上的挫折與壓力。

2. **突發性睡眠症**：患者在發作期間，會四肢無力突然倒下，伴隨視覺模糊不清，記憶力喪失，呼吸不規律。男性患者多於女性，有時一日發生數次，每次幾分鐘到一小時不等。患者最常在從事單調工作或暴飲暴食之後發生，也有可能在開車、走路或工作時突然發生。由於患者發作時常產生意外，因此有些人被強迫退休或被解僱。這類病患常伴隨憂鬱症及性無能。根據精神醫學臨床研究，造成突發性睡眠的原因，以突然改變睡眠習慣或心理遭受嚴重打擊者居多。

3. **窒息性失眠**：患者有時一個晚上會暫時停止呼吸上百次，每一次大約幾秒鐘至二分鐘，這時就容易醒過來，因而影響睡眠品質。呼吸不正常的原因很多，諸如：肺病、氣管或支氣管疾病、高血壓，以及中樞神經系統功能失常等，患者常在深夜因頭痛或呼吸困難醒來。這類病人以老年人、肥胖者、男性、具有攻擊與易怒的人格者、憂鬱症患者或性無能者居多。通常伴隨幾個月或幾年失眠。患者在睡眠中常說夢話，早上醒來感覺身心疲憊，患者如果是兒童，常有尿床的習慣。

4. **假性失眠**：患者常抱怨自己失眠，但是經過精神科醫師診斷，卻發現他們睡眠正常。換句話說，患者不是真正失眠，只是在主觀上認為自

己沒睡足幾個小時就是失眠，例如：某生準備考試連續熬夜一星期，每天晚上少睡 4 小時；在考試結束後，該生認為應在一週內，每天要比平時多睡 4 小時才能補回來。事實上，這是不正確的想法。又如，有些人認為每天應睡 8 小時才夠，實際上，睡眠時間的長短與年齡有密切關係，50 歲以上的中老年人，每天大約睡 6 至 7 小時就足夠了。

失眠的原因如下：

1. **物理因素**，例如：噪音太大、光線太強、溫度太高、濕度太高或通風不良等。
2. **生理因素**，例如：氣喘、飢餓、身體疼痛、胃潰瘍、腦部病變、內分泌或代謝失常等。
3. **心理或精神因素**，例如：工作壓力太大、情緒不穩定、焦慮不安、憂鬱症、躁鬱症、悲觀厭世、過度緊張或狂歡、遭遇重大挫折、精神分裂症等。
4. **藥物因素**，例如：服用藥物成癮，導致沒有使用藥物時無法入睡。
5. **生活習慣因素**，例如：睡前劇烈運動、暴飲暴食、喝酒、喝咖啡、喝茶等刺激性飲料；生活不規律、作息不正常、平時缺少運動等。
6. **其他因素**，例如：飛行時差、輪班工作、長期壓力等。

現代人生活競爭激烈，工作與心理壓力大，許多人因而造成失眠。如何睡到自然醒，早上起床之後感覺精力充足，以下幾個方法可以參考：

1. 日常生活規律化，睡覺時間宜定時。
2. 平時適度運動，睡前應避免劇烈運動。
3. 不酗酒、不吸菸、不使用毒品。
4. 睡前飲食不過飽或飢餓；不喝咖啡、酒、茶等刺激性飲料。
5. 保持舒適的睡眠環境，例如：安靜、溫度適中、空氣流通、關電燈，枕頭不宜過高或太硬。
6. 夜晚放鬆心情，例如：聽輕鬆的音樂、睡前洗個溫水澡或喝一杯熱牛

奶、不接觸刺激性的視聽媒體訊息。

7. 白天不睡覺、不打瞌睡。

8. 不要依賴鎮定劑或安眠藥物。

9. 如果睡不著，可以起床看書、聽音樂，等到有睡意時再上床睡覺。

10. 如果睡眠品質經常不好，就應尋求專家協助。

11. 燕麥、腰果、小麥胚芽、奇異果、小米、蓮子、核桃等食物均有助於安眠。

　　醫師最常給患者服用鎮定劑或安眠藥，以減少夜晚醒過來的情形，並增加睡眠的時間。但是，病患服用藥物並非長久之計，因為患者會習慣性的使用藥物，劑量愈用愈多，到後來必須依賴藥物才能夠睡眠，形成惡性循環。安眠藥服用過多，隔日會感覺昏昏沉沉與行動遲緩。精神科醫師開給短暫性失眠者的藥方，雖然有效，可是對於長期性失眠患者的治療，除了藉助藥物來減輕病情之外，還需要配合睡眠衛生訓練、行為治療、調整生活作息及心理治療，多管齊下才能產生良好的效果。

93 戒除菸酒

　　有些年輕人因為受到朋友的慫恿，養成吸菸的習慣。吸菸不但花錢、花時間，使四周圍的人吸入二手菸，而且容易導致火災的發生。吸菸有礙身體健康，這是眾人皆知的事。一般來說，吸菸者比不吸菸的人早死。30 歲的青年人如果每天吸二包菸，其壽命比不吸菸的同年齡者少活 8 年（Hammond & Horn, 1984）。每吸一枝菸大約會縮短 14 分鐘的壽命，因為吸菸的人，罹患肺癌、支氣管炎、口腔癌、食道癌、胃癌、十二指腸潰瘍、肝硬化、心臟病、膀胱癌、腎臟癌等疾病的機會，比正常人高出好幾倍。

　　吸菸不但對自己健康不利，同時家人、同事以及其他吸入二手菸的人，也容易產生各種疾病，最常見的是肺癌，其次為呼吸系統的疾病。長年吸菸不僅有害肺部健康，還容易引發心臟血管疾病，影響陰莖勃起困難或無法持久，導致陽萎、早洩，甚至干擾睪丸生產精子的數量。

　　人為什麼要吸菸？有些心理分析學家認為，這與嬰幼兒時期吸母奶吸得不夠有關，也就是口腔的慾望沒有得到充分滿足。有些青少年以吸菸來表示他已經長大成人，有些人把抽菸當作一種社交應酬。另外，吸菸與社會學習有關，如果一個人從小到長大成人都沒有看見任何人抽菸，他會吸菸嗎？戒菸成功者，通常在五年之後身體健康大都有好轉的現象。不過，根據許多學者的研究，大多數吸菸者，戒菸成功的機率大約四分之一而已。為什麼戒菸不容易成功？真正的因素在於對菸產生依賴的心理。如何剷除對菸產生依賴的心理？心理治療師通常會以系統減敏感或嫌惡法來治療。

　　喝酒是交際應酬常見的行為，喝少量的酒可以增進胃口，促進血液循環，但是如果經常大量喝酒，會傷害大腦神經系統以及血液循環系統。許多嚴重的車禍都是酒後開車所造成的，因為喝酒過量會造成意識不清醒、精神恍惚、注意力無法集中。此外，酗酒也容易產生攻擊暴力或酒後亂性的行

為。

　　有些人遇到挫折或壓力時，就借酒澆愁，雖然喝酒可以使人暫時忘掉煩惱，可是當酒性一過，那些煩惱的事情仍然存在；如果常以喝大量的酒，來作為解除煩惱的方法，久而久之就容易上癮。

　　酗酒者常有犯罪傾向，戒除相當不容易，而且其學業、工作，甚至婚姻、家庭都會受到嚴重影響，因此，他們常漸漸變成社會的邊緣人或者成為街頭遊民。有的患者也可能會發生肝硬化，合併食道靜脈瘤破裂，導致大吐血，對個人身心健康與對他人的傷害，是難以估計的。

94 心神不寧

許多人常有肚子痛、腰酸背痛、胸悶、頭痛、心悸、呼吸困難或呼吸加速、出汗、手抖、肌肉緊繃、噁心、拉肚子、頭暈、胸痛等毛病。一般身體出現症狀之病患，大多會先在一般內科看診，但一家換過一家，始終檢查不出所以然來，經過各大醫院各科的身體檢查，卻發現檢查結果完全是正常的，這就是所謂焦慮身體化症狀。

一個人的身體疾病與個人的心理息息相關。心理問題的形成原因可以分為五部分：第一部分是生理狀況，例如：遺傳基因、天生氣質、體質；第二部分是個體的人格特徵，例如：內向、神經質、自卑、壓抑、緊張、焦慮、攻擊、無助感、畏縮、衝動、暴力、人格類型等；第三部分是社會與生活環境因素，例如：失業、居住社區、住家環境、救濟制度；第四部分是家庭因素，例如：家庭氣氛、離婚、破碎家庭、父母管教方式不當等；第五部分是工作壓力，缺乏休閒活動與精神生活。

在成年人的各種心理疾病中，情緒障礙是很常見的，尤其是以女性居多，大多以焦慮的形式表現，男性大多以偏差行為或反社會行為居多。

身體化症狀者之家庭互動，有過度保護、僵化的溝通、刻意避免衝突、界限不清楚等四大特徵，例如：父母本身有童年焦慮症或是過度擔心兒童的健康或安全，無形中助長孩子的依賴心理，而孩子無法養成自主能力，父母限制孩子參加外面的活動，刻意要求全家凝聚團結，或者父母在孩子成長的階段，無法調整自己去配合孩子的成長，或者父母在婚姻關係上有裂痕，他們不願意去面對衝突，所以家庭衝突永遠存在，孩子因而出現許多身體化症狀，來引起父母的注意。

另外，焦慮也會以另一種強迫症的方式表達出來，在個人生活中一些儀式化的動作或習慣，的確可以減輕焦慮感。當完美主義者出現焦慮時，他發

現自己不夠好，不夠完美時，為了解除或中和焦慮，會出現某些反覆性或儀式化動作來逃避焦慮，此種強迫症容易發生在小學高年級兒童或青少年。文靜、乖巧的孩子有時會合併焦慮、憂鬱等症狀。

　　根據美國精神醫學會 DSM-IV 的分類，心理異常精神之分類，包括：焦慮狀態、恐懼症、分離焦慮症、過度焦慮症、強迫症、轉化症、解離症、身體化症、適應障礙症合併焦慮症狀、創傷後壓力症候群。以上各類型疾病之患者，通常都具有焦慮症的現象，最好接受精神科醫師診治，並且配合心理諮商與心理治療，就容易收到效果。

95 面對中年危機

　　中年通常是指 35 歲至 59 歲這一段期間。中年人是社會的中堅，也是一個人一生中的全盛時期。但是，中年人要面對雙親老死、兒女教育的壓力、失業等問題，如果不能做好身心調適，無法安然度過，就容易產生中年危機。中年危機最常見的現象就是：身體機能衰弱、失業、事業失敗、婚姻生活不美滿、家庭破碎、憂傷、沮喪等。中年人要在很短時間內同時面對各種壓力，如果不能好好去因應，就可能爆發變成危機。

　　「中年危機」的概念，源自一位法國精神分析學家埃里歐特・賈奎斯（Elliott Jacques），在 1960 年代對一群藝術工作者的觀察。他發現這些藝術工作者不斷在追求事業的巔峰，但是過了 40 歲之後，就漸漸感到追尋藝術成就的時日無多，各種心理問題隨之浮現，甚至懷疑生命的意義何在，導致意志消沉。其實中年危機是指，察覺自己人生來日不多中的一種震撼，假如對於危機適應不來，便會懷疑自己對婚姻、職業等選擇是否正確，種種的心理困擾容易引發失眠或憂鬱情緒。

　　中年期正處於「前無去路，後有追兵」的困境，也就是父母不但幫不了你，反而需要你去照顧，子女的生活與教養需要你負擔；如果自己沒有多餘的精力去面對這些問題，加上其他壓力，就容易爆發中年危機。反之，如果中年人能調整自己的人生方向、目標和態度，使自己能順利度過這些挑戰，就能順利步入晚年以至終老。

　　根據艾瑞克森（E. Erikson）的心理社會發展理論，一個人由嬰兒、幼兒、兒童、青少年、青年、壯年、中年到老年，在這一連串的發展過程中，每一個階段都有其發展性任務要完成，如果不能順利完成，而只是年齡增加，就會妨礙下一階段的發展，例如：青少年時期犯罪，就會影響其未來婚姻、事業的發展。

　　中國人有句話說：「人到中年百事哀」，在社會快速變遷的今日社會，中年人常有情緒上的困擾，例如：認為以後人生只有走下坡，不會再更好。年輕時曾經有過的美麗夢想逐一落空，中年之後想要東山再起，常有力不從心的感慨。如果在中年之後事業無成、家庭生計與子女的教育經費負擔沉重、父母親逐漸衰老生重病、子女不成才，就會面臨中年危機，甚至真的「百事哀」。而中年人若沒有具備時代所需要的職業技能，想要轉換就業跑道就會備感艱辛，甚至導致失業、離婚、嚴重疾病，難以面對未來的生涯。

　　筆者籲請中年朋友及早處理你的家庭問題，例如：夫婦間、親子間、與上一代間，以及婆媳等問題。除了家庭問題之外，中年男性大部分以事業為重，近年發生金融海嘯，台灣企業界普遍實施裁員、減薪，造成許多中年人提早失業，迫使他們更早面對「我是誰？我要做什麼？我的未來怎麼辦？」等自我定位的問題。另外，上班族普遍工作過度操勞，40歲前出現中風和心臟病的機會提高了，更加快面對衰老和死亡的問題。

　　大部分女性除了事業之外，家庭還是占相當重要的一部分，因此中年女性有三個危機需要去面對：丈夫逝世、孩子長大離家和更年期。一般傳統女性以相夫教子作為人生取向，甚至職業婦女也不例外，因此，當失去丈夫和兒女不在身邊時，她們會產生不安全感的困惑。

　　另外，過獨身生活的女性，由於生命中少了子女和丈夫兩部分，到了中年她們也易感孤單。近年來抱持單身的女性日益增多，單身女性如果能共同生活在一起、彼此守護，也是度過中年的良方。

　　中年是認真面對心靈問題的時候，例如：「我是誰？」、「我活著要實現什麼終極價值？」、「在我剩餘的生命裡，我要做什麼？」、「我要怎樣生活，才不虛此生呢？」、「誰是我最需要愛的人？」、「我要怎樣去愛那些人呢？」、「我如何分配時間呢？」。

　　中年人因為要面對生活競爭，容易遭遇一些壓力和打擊，因而容易引起失落、懼怕、無助等負面情緒。不少中年男性以忿怒、酗酒和吃喝玩樂，暫時麻痺自己忘記不愉快的感覺，這樣的下場將可能更悲慘。

96 紓解壓力

　　自從某公司多名員工陸續跳樓自殺事件之後,許多心理學專家認為,一個人每天重複做相同動作的工作,會產生單調、枯燥的心理,長期下來就容易產生工作壓力。每個人在人生旅途中,不可避免地會遭遇到各種壓力;如何對付壓力,以利自己的身心健康,就成為相當重要的課題。對付壓力的方法很多,除了做有氧運動、品嚐美食、唱歌、旅遊、泡湯、看畫展、音樂欣賞、寫書法、下棋、接受指壓按摩之外,還有以下幾種作法:

1. **針對問題尋求解決之道**:找出心理壓力來源的癥結所在,以理性的態度來處理各種難題,例如:微積分學期成績不及格,該學科是必修科目,如果不及格就無法畢業,於是產生心理壓力。為了消除該壓力,宜對壓力來源進行分析,例如:上課有沒有注意聽講?學習方法是否正確?學習動機是否強烈?不懂的地方有無請教老師或同學?……。如果能針對壓力來源去克服,困難的問題自然能迎刃而解,心理壓力將消失於無形之中。

2. **視危機為轉機**:許多壓力事件是個人無法避免的,在這種情況之下換個角度去看問題,往往可以達到消除壓力的功效,例如:某生追求異性朋友遭到拒絕,他認為或許這是讓自己找到更理想對象的機會。如果這名學生在遭遇到此挫折與壓力時,就借酒澆愁或使用迷幻藥麻痺自己,甚至去報復對方,結果會帶來更大的壓力。如果把壓力當助力、吃苦當吃補、困難當修行,就能轉換心境,壓力也將消失於無形之中。

3. **有正當的宗教信仰**:宗教信仰使人有精神寄託,當個人面對不如意的事件時,藉由宗教信仰所產生的力量,往往可以使人減輕心理壓力,甚至完全排除壓力。柯寧(Koenig)等人於 1992 年研究發現,許多患

有嚴重疾病住院的老人，凡是具有虔誠宗教信仰者，病情恢復得較快；反之，沒有宗教信仰的人，就比較容易罹患憂鬱症，其疾病也會日益惡化。拉森（Larson）等人於 1992 年綜合相關的研究報告發現，有虔誠宗教信仰的人，在遭遇到重大的打擊與壓力時，心理仍然很健康。另外，根據麥克印託許（McIntosh）等人的研究，124 名突然遭遇喪子之痛的人，他們參與宗教服務工作 3 至 18 個月，結果大多數人能夠對失去愛子的心理創傷，做好心理調適。因為這些人能夠從幫助別人當中，了解死亡的真實意義，同時得到教友或社會人士的支持。

4. **多關心與參與自身以外的事務**：助人為快樂之本，多去關心外在環境的一切，不要把問題焦點放在自己的身上。不論你有多麼痛苦，總有比你更不幸、更痛苦的人，相較之下也可以減輕自己的心理壓力。此外，參與各種社團活動或結交朋友，讓自己有訴苦的對象，甚至他人會主動來協助解決遭遇的困難，這樣也可以達到紓解壓力的效果。

5. **樂觀積極進取**：樂觀的人通常身體比較健康。有一項研究發現，樂觀的人在醫院接受重大手術之後，復原的速度比悲觀的人快得很多。樂觀的人在面對重大壓力時，比較能夠作良好的適應，這種人比較會主動去尋求他人的協助，同時能對壓力事件做比較正面的評價；反之，悲觀的人凡事容易做負面的解釋，沒有解決問題的勇氣和決心，有時會將壓力事件歸因於命運或怪罪別人，因而壓力一直存在，無法順利去克服。

6. **尋求社會支持**：當個人遭遇到苦難時，社會支持是紓解壓力很重要的管道。社會支持是指社會中的個人或團體，例如：朋友、同事、同學、社團、教友等，對自己提供物質或精神上的支援。社會支持可使人提高免疫力，進而產生抵抗疾病的能力；社會支持有助於癌症患者延年益壽，對正常人也具有同樣效果。換言之，社會支持有益身心健康，當個人在強大壓力之下，社會支持的力量可以使人承受較大的打擊。個人在一個親密友善的團體中工作，由於同事之間相互關懷與支持，有樂同享、有苦同擔，也可以將壓力化於無形。此外，有團契式

的工作夥伴或有知心的朋友，比較能夠承受較大的壓力。

7. **作好時間管理**：當有許多工作必須在限定的時間內完成，若無法順利達成目標，就會產生心理壓力；反之，若能作好個人時間管理，將工作順利完成，就可以減輕或消除壓力。時間管理的技巧至少有以下幾項：

⑴依工作的重要性排列優先順序，先完成重要的工作，再完成次要的工作。

⑵將艱鉅的工作化整為零，逐步加以完成。

⑶將工作安排每日、每週或每月的進度，按照進度來執行。

⑷避免浪費時間，舉凡聊天、打電話、交際應酬、看電視等，應盡量縮短時間或推辭。

⑸養成今日事今日畢的習慣。

⑹在一天精力最旺盛、最有工作效率的時段，做最重要的工作。

⑺有些工作可請人代勞，不必凡事親自來做。

　　除了上述對付壓力的方法之外，平時多運動、睡眠充足、樂於助人、凡事感恩惜福、知足常樂、培養幽默感與嗜好、多從事戶外旅遊活動、均衡的營養、做全身肌肉放鬆訓練，以及情緒管理等方法，都有益於解除壓力。如果用盡各種辦法，壓力仍然無法得到紓解，宜接受專家的心理諮商、輔導或治療。

97 維護心理健康

俗諺說：「人生不如意事，十常八九」，每一個人在日常生活中，難免會遭遇到各種壓力與挫折，因而產生心理不安，為了消除心裡的焦慮不安，就採取各種心理防衛機制。一般人常使用以下幾種自我防衛機制：壓抑自己、生氣、將自己的過錯推給別人、否認不愉快事情的存在、轉移問題的焦點、以不理性的方式去應付問題、對自己的失敗找藉口、討好別人避免被懲罰、行善事抵銷自己的過錯、逃避問題。以上各種自我防衛機制，雖然可以讓自己暫時解除心中的焦慮，但並不是最好的辦法。因為壓抑自己容易造成心理的創傷；把過錯推給別人，別人通常無法接受，而導致人際關係的惡化，甚至受到別人的報復；轉移問題焦點與否認不愉快事情的存在，只是一種駝鳥心態。

人是情感的動物，人人都有喜、怒、憂、哀、樂、悲、恐、驚等情緒。假如人只有一種情緒，這個人就不健康。《黃帝內經》講得很清楚：「怒傷肝，喜傷心，憂傷肺，思傷脾，恐傷腎，百病皆生於氣。」很多人不是老死的，不是病死的，而是氣死的。有些人當不了大官，氣死了；被詐騙大筆金錢，氣死了；很多人為了很小的事，氣死了；其實生氣就是拿別人的過錯懲罰自己。所以說：「不能隨便不生氣，但是如果一定要會生氣，千萬不要當情緒的俘虜，一定要做情緒的主人，也就是要去駕馭情緒，不要讓情緒駕馭你。」

一個人為自己的失敗找藉口，失敗的原因仍然存在，將來難免重蹈覆轍；討好別人獲得別人同情，避免被懲罰，只能暫時得到偏安；行善事抵銷自己的過錯，只能彌補自己的過錯所造成的遺憾；逃避問題或活在幻想的世界中，不敢去面對問題，但問題會依然存在。

當自己遭遇到重大壓力與挫折的時候，最好採取自我昇華的方式，將不

為社會認可的動機慾望，以符合社會規範的行為來表現，藉以達成自己的願望。昇華的方式有很多種，例如：多看勵志書籍、模仿偶像人物的行為、提升自己的能力，讓別人瞧得起、以歌唱宣洩心中壓抑的情緒、參加各種藝術欣賞與人文活動，提升精神層次、參加宗教崇拜、靈修，來獲得心靈滿足。此外，可以徹底改變自己的過錯或找出失敗的原因，活出全新的人生。

　　一個人經常保持喜樂的心，比較不會生病；一個人如果存有知足常樂的心，即使生病也比較容易復原。每一個人想要在有生之年，永遠保持身心健康，宜把握以下幾個原則：

1. 建立正確的自我觀念，充分了解自己、接納自己、肯定自己，改進自己的缺點。
2. 生活有適當目標，鼓起勇氣面對各種挑戰，發揮自己的潛能，從工作中獲得成就感及樂趣。
3. 妥善管理與運用時間，工作、休閒與運動並重，做事採取科學方法，提高效率。
4. 培養良好的人際關係，結交知心的朋友；多接納、關懷以及讚美他人，多學習他人的長處。
5. 主動積極參與社會活動，擴展生活層面，多去幫助別人與服務人群。
6. 凡事往好處想，培養積極、樂觀、進取、開朗的性格；不怨天尤人，常自我反省。
7. 培養正當的娛樂、嗜好以及藝術欣賞的能力，充實精神生活。
8. 做好生涯規劃，不斷自我充實與自我成長，對環境做有效的適應。
9. 凡事盡力而為，不必講求完美，但求清心寡慾、淡泊名利、知足常樂、感恩惜福、與世無爭。
10. 培養高度幽默感以及穩定的情緒。
11. 如果自己的困擾問題都無法解決，宜尋求專業人員的協助。

98 預防疾病的發生

　　每一個人會經過生老病死，生病除了遺傳、工作壓力與生活環境等因素之外，其實可以由自己做好預防，等到生了重病才來治療，那就太遲了。有些人不願意做身體健康檢查，是因為擔心檢查之後若發現自己得了癌症，心理會造成極大的恐慌，甚至產生無法承受的壓力。其實，癌症早期發現與早期治療，治好的機會還是很大的，如果一直不敢去接受檢查，等到癌症末期身體極端不舒服，再去接受治療，通常事倍功半，甚至為時已晚。以下說明一些常見疾病的預防方法：

一、糖尿病的預防

　　糖尿病是一種慢性病，目前尚無法完全根治，而且罹患人數有與日俱增及年輕化的趨勢。預防糖尿病的方法如下：

1. 均衡飲食：三餐都能均衡攝取六大類食物。
2. 規律運動：每天至少運動 20 至 30 分鐘，達到出汗、心跳每一分鐘 130 次的地步。
3. 維持理想體重：理想體重的計算方式，依據世界衛生組織認定體重的指標（BMI）＝體重（公斤）÷身高（公尺平方），最理想的體重是 BMI 等於 22。
4. 年滿 40 歲以上，每年要定期健康檢查。

二、感冒的預防

　　感冒的原因大都是因為身體的抵抗力不足，無法抵擋各種細菌及病毒的入侵。根據研究顯示：維生素 B 群與人體內抗體、白血球和補體的產生有關，其中又以泛酸和維生素 B6 的影響最大。維生素 B 群存在於肉類、牛奶、

蔬菜及全穀類當中，平常容易感冒的人可以多攝取這些食物，以增強自己的免疫力。此外，維生素Ｃ也有增強免疫系統的功能，並且可以提升白血球吞噬細菌的能力，蔬菜和水果含有豐富的維生素Ｃ。蛋白質是構成體內抗體、白血球的主要來源，也是提升免疫力不可或缺的食物，因此，適量攝取含高蛋白質的食物，例如：蛋類、牛奶和肉類，也有助於預防病毒的感染。平時除了要均衡攝取各種食物之外，多以茶水漱口清除口腔細菌，也需要多運動，促進身體的新陳代謝，增強體質，以預防感染任何疾病的機會。

三、腦中風的預防

腦中風是指，腦部血管發生阻塞或出血，使腦部神經機能受損的症狀。腦中風可以分成兩大類：第一類是腦血管阻塞導致的腦缺血；第二類是腦血管破裂造成的腦出血。腦中風死亡率高，存活者需復健，只有少數的病人可完全恢復。曾經中風過的病人，再次中風的機會相當大。

一般人以為手指尖有一點麻或是脖子緊緊的，就是中風的徵兆，其實這是不正確的觀念。腦中風的症狀有：半側肢體癱瘓、半側感覺消失或感覺異常、失語症、視覺障礙、吞嚥困難、口歪眼斜、意識障礙或昏迷不醒。

老年人中風的機率比較大，如果有高血壓、糖尿病、心臟病或高血脂，發生中風的機率就更大。在上述危險因子之中，高血壓與中風的關係最密切。一般人的正常血壓是指：心縮壓在140毫米汞柱以下，且心舒壓在90毫米汞柱以下，血壓如果高過這些數值，就表示有高血壓。長期高血壓容易導致中風及心血管疾病，一旦發現有高血壓就應該以藥物來控制。

一般人只要適當飲食、適當運動、控制體重、不吸菸、不飲酒過量，就是預防中風的很好方法。然而，如果有高血壓、糖尿病等其他疾病的患者，或是曾經中風過的病患，可藉由定時服用藥物來預防中風，並且要定期到醫院回診。

在飲食方面，平時應攝取均衡的營養，五大類基本食物都吃，不要偏食；同時控制食物熱量，少吃甜食，控制脂肪及膽固醇的攝取，多吃青菜和

水果，減少鹽分攝取，這都是有助於身體健康的飲食方式。

選擇適合老年人的運動並持之以恆，例如：步行、體操、土風舞、太極拳、外丹功、打高爾夫球等。在運動時應注意運動量要適中，不要過於勞累，而在運動的過程中，也要避免受傷，對於預防中風也很有幫助。

想要有效地預防腦中風的發生，最重要的就是要注意日常的生活保健，包括注意天氣變化，以及養成規律的生活習慣，定時量血壓以便及早發現血壓是否異常；而曾有症狀的患者必須遵照醫師指示，定期至門診追蹤治療，這樣才能有效地預防腦中風的發生。

四、青光眼的預防

青光眼是一種可能導致失明的眼疾，所以一定要接受醫師之定期追蹤檢查，宜避免過度興奮、憤怒、煩惱或失眠；刺激性飲料，例如：咖啡、茶、酒，不宜多飲，至少一年做一次視力檢查；使用類固醇眼藥時，需測量眼壓以預防青光眼之發生。一旦青光眼惡化，宜儘快接受眼科醫師的治療。

五、癌症的預防

1. 攝取適量的油脂、糖、鹽。
2. 攝取適量的乳、蛋、肉、魚、大豆等類食物。
3. 多吃蔬菜和水果。
4. 多吃五穀雜糧。
5. 食物避免太多防腐劑。
6. 少吃煙燻、燒烤和醃製食物。
7. 避免含有農藥食物。
8. 食物避免含有重金屬。
9. 食物避免含有輻射物質。
10. 避免情緒壓抑。

六、白內障的預防

造成老年性白內障的原因很多，主要與年紀大、水晶體的結構和功能退化有關。老化很難避免，所以白內障也很難預防，平日多注意眼睛的健康及視力的狀況，定期至眼科檢查評估白內障的程度，以決定最好的保養之道。罹患糖尿病的人，其白內障的發生比正常人來得早，尤其是血糖控制不良會使白內障加速惡化，所以患有糖尿病的人一定要控制好血糖。

眼球外傷有可能導致白內障，另外有些全身或局部用藥，例如：類固醇、瞳孔縮瞳劑、少數精神科藥物及抗心律不整藥物等，也可能導致白內障。此外，虹彩炎或葡萄膜炎如經常發作，也容易造成白內障。

有些眼疾，如高度近視、視網膜剝離、色素性視網膜炎等，比正常人更容易罹患白內障，有這些眼疾的人應定期追蹤檢查。有些低副甲狀腺症低血鈣等，以及風濕性關節炎患者、異位性皮膚炎患者，也容易產生白內障，如果能控制病因，便可以減緩白內障的迅速惡化。

長期暴露在強烈紫外線環境下，會增加白內障的可能性，夏日紫外線指數太高時，宜避免外出，如需外出須戴抗紫外線的太陽眼鏡。另外有報告指出，血中核黃素、維他命C、E及胡蘿蔔素，可以減少白內障的發生。此外，吸菸也會增加白內障生成的可能性。

七、老年癡呆症的預防

1. **癡呆症的涵義**：癡呆症又稱失智症，這是一種源自於大腦的疾病，患者呈現記憶力、定向力、思考能力的退化，以及情感障礙。有些患者注意力無法集中，會逐漸喪失時間與空間概念。患者於 65 至 69 歲之間發作約占 2.3%，75 至 79 歲之間約占 5.5%，大於 80 歲者約占 22%，年齡愈大罹患老年癡呆症的機率也愈大。

2. **癡呆症的症狀**：癡呆症患者有語言內容貧乏、嘮叨、刻板化、理解力減退、記憶力退化等現象。患者有計算力及抽象思考力缺失，判斷力

及知覺力降低等現象，容易產生疑心或妄念；有些患者則會冷漠無情、情緒容易激動。患者長期處於智能障礙之下，易變得退縮、依賴、固執、自卑，不能適應新的人、事、地、物。在夜晚人靜、光線昏暗的時候，因為感官的刺激減少，患者對於周遭的人、事、物，容易產生杯弓蛇影、風聲鶴唳、草木皆兵、疑心恐懼、妄想、幻覺、錯覺、失眠等精神狀態。有些患者會漫無目的地在外地遊蕩，不知如何返家。

3. **預防癡呆症的原則**：各種身體疾病，例如：高血壓、心臟病、糖尿病、肝腎疾病、巴金森氏症等病情之控制，皆可以減緩癡呆症之發生，而吸菸會導致血管型癡呆症的發生。從年輕時代應培養運動和正常休閒、藝術、交友等生活習慣，少吃油膩及動物內臟、鹹鹽類食物，擁有充足的睡眠及休息。每天可服用約三分之一片的阿斯匹靈，減少血小板之凝集沉澱在血管壁上，保持血流的暢通。因吃素而缺乏維他命 B12 之人，必須補充維他命 B12，以預防因維他命 B12 缺乏之癡呆症。

一般人到 80 歲之後，身體機能會明顯下降，需要不斷學習，才不容易患老人癡呆症。罹患高血壓、糖尿病、高血脂、心臟病、吸菸、腦中風，都可能造成血管性癡呆。失智症在早期可使用藥物來控制改善。另外，每天吃四分之一顆阿斯匹靈（Aspirin）可以預防失智症發生。失智症患者服用抗乙醯膽鹼藥，可減緩癡呆症的惡化；動情激素、維他命 C 及 E、抗氧化物，也有益於癡呆症患者。此外，做手工藝、彈鋼琴、打衛生麻將、有氧活動、有空多踩踏小石子促進血液循環、關心親朋好友、吹奏樂器、下棋等活動，都可以刺激大腦，以減緩失智症的發生。

老年人因好友的死亡難免產生分離焦慮，進而導致失智症。如果能多參加社團、參加活動當義工、參加教會團契，增加社交活動；在睡前喝點紅葡萄酒，有抗氧化的功能；從年輕時期就注意身體的健康，培養良好的休閒嗜好，保持運動的習慣，以及維持良好的人際關係，都可以預防老年癡呆症的

發生。

八、攝護腺癌的預防

攝護腺癌是常見的男性生殖泌尿疾病,並且有逐年增加的趨勢,已名列台灣前十大惡性腫瘤之一,預防方法如下:

1. 飲食上儘量攝取低脂肪食物,多食用高纖維的蔬菜和水果。
2. 50 歲以上男性每年宜接受攝護腺腫瘤的篩檢。
3. 有頻尿、夜尿、排尿不順等症狀時,宜立即接受泌尿檢查。

九、肝癌的預防

體內潛伏肝炎病毒,可能會在中年以後變成肝硬化、肝癌。B 型或 C 型肝炎帶原者,要定期檢查,因為肝癌並不是絕症。研究發現,微量元素硒對肝癌細胞具有選擇性殺傷和抑制作用,對正常肝細胞卻沒有明顯影響;顯然,補硒可以有效預防肝癌或肝病。人體內儲存硒的能力很弱,因此需要經常食用含硒較高的食品,才能獲得足夠的硒。

蘑菇含有豐富的硒元素,容易被人體吸收。尤其是喜歡喝酒的人,可以多吃點蘑菇。另外,蘑菇含有大量無機質、維生素及蛋白質等成分,有減肥、防止便秘、降低血液中膽固醇含量的作用,而且蘑菇屬於低熱量食品,亦不用擔心食用過量的問題。

十、肺癌的預防

1. 不要養成吸菸的習慣。
2. 避免暴露在二手菸或空氣污染的環境。
3. 少吃高脂肪食物。
4. 平時攝取多種類的蔬菜和水果。
5. 使用抽油煙機時,應保持通風良好。
6. 定期接受胸部 X 光照相檢查,必要時接受胸部電腦斷層的追蹤檢查。

7. 有持續性咳嗽、喀血、胸部或呼吸困難的現象，應及早就醫。

十一、鼻咽癌的預防

鼻咽癌的病因相當多元，其病因至今尚不完全清楚，但是有一些預防保健原則：

1. 少吃醃漬食品、燻肉、發酵或過期等食品。
2. 平時不要吸菸。
3. 少接觸刺激性氣體，例如：燒香、蚊香、甲苯或有毒刺激性氣體。
4. 避免長期受到病毒感染。
5. 定期至耳鼻喉科接受檢查。

十二、乳癌的預防

乳癌預防的重點如下：

1. 月經停止後，避免繼續補充女性荷爾蒙。
2. 不宜大量食用脂肪類食物。
3. 平時保持適當運動。
4. 避免不必要的輻射。
5. 產後哺乳有些許幫助。
6. 高危險群宜定期做乳房檢查。

99 健康長壽之道

　　健康長壽是大多數人的願望，人類壽命的極限大約 120 歲，但是為何許多人活不到 80 歲以上？根據世界衛生組織的研究報告，個人的健康和壽命 15%決定於遺傳，10%決定於社會因素，8%決定於醫療條件，7%決定於氣候影響，60%決定於自己。如果一個人很長壽卻不健康，這種人活得辛苦，家人也跟著辛苦。在日本，長壽有三個秘訣：生活簡單、快樂生活、與人分享。高加索有許多百歲以上的人瑞，他們長壽的秘訣為：運動、無憂、無慮。健康長壽有以下幾個要素：

　　1. 心平氣和，處世樂觀。

　　2. 飲食節制，營養適量。

　　3. 生活規律，起居正常。

　　4. 運動適量，持之以恆。

　　5. 根據體質，適度滋補。

　　美國紐約醫學院的精神醫學家，在《老人學家》雜誌中指出，壽命超過 90 歲以上的人有以下共同特徵：

　　1. 在中年未罹患過重大疾病。

　　2. 沒有老年癡呆症。

　　3. 身材中等，體重適中。

　　4. 理解力強、記憶力好，對時事感興趣。

　　5. 獨立自主，無憂無慮。

　　6. 懂得享受生活，個性樂觀且有幽默感。

　　7. 適應力強，喜歡多變化的現實生活。

　　8. 每天知足常樂。

　　9. 有宗教信仰與精神寄託。

　　10. 飲食以高蛋白與低脂肪食物為主。

11. 一生很少吃藥。

12. 不吸菸，喝酒只是小酌淺嚐。

13. 多數人有喝咖啡的習慣。

14. 平時有適度的運動。

15. 個性樂觀，能將危機視為轉機。

　　根據英國太陽報的報導資料，一個人的壽命估計如下表：

人類壽命的估計

1. 已結婚男人	+3 年
2. 已結婚女人	+0 年
3. 壓力大	-3 年
4. 獨居	-0.5 年
5. 每晚睡眠少於 6 小時	-1 年
6. 經常超時工作	-1 年
7. 一天抽 10 支菸	-1 年
8. 一天抽 40 支菸	-15 年
9. 每天喝茶	+0.5 年
10. 每天喝咖啡	-0.5 年
11. 每天喝 3 罐以上啤酒	-7 年
12. 每天喝 3 杯酒	-7 年
13. 每天喝 4 杯紅酒	-7 年
14. 沒用牙線清潔牙齒	-1 年
15. 經常日光浴	-1 年
16. 過度肥胖	-5 年
17. 每天吃紅肉	-3 年
18. 經常吃垃圾食品	-2 年
19. 經常吃零食	-1 年
20. 一天吃糖果超過一次	-1 年
21. 不做運動	-1 年
22. 每天運動超過 30 分鐘	+5 年
23. 癌症檢查	+1 年
24. 輕微高血壓	-1 年
25. 溫和高血壓	-5 年
26. 非常高血壓	-15 年
27. 高膽固醇	-2 年

資料來源：英國太陽報

100 安享晚年

　　退休是個人因年齡或健康因素離開職場,需扮演另一種角色來面對人生。健康的成年人有更多的時間和金錢,來追求人生的目標,退休以後如果沒有經濟壓力、身體健康,生活的滿意度和幸福感,有時不亞於年輕人。尤其是有知心的朋友、常從事社會工作者,其心情更為愉快。但是退休者也將面臨以下幾個挑戰:

1. **經濟的挑戰**:一般人退休以後的收入遠低於退休前,如果沒有其他經濟來源,又無法開創事業第二春,將造成生活上的困難。

2. **生理的挑戰**:退休者離開工作環境,工作與活動減少,容易導致老化與健康惡化。如果慢性病纏身,健康情形每況愈下,兒女忙於工作無暇關懷,老年人將產生度日如年,甚至有生不如死的感嘆。

3. **社會人際關係的挑戰**:退休以後,以前工作的同事見面次數逐漸減少而且漸行漸遠,以往的朋友因個人、家庭或事業因素,愈來愈失去聯繫,逐漸失去社會支持的連結網絡,孤單、寂寞將無法避免。

4. **孤獨的挑戰**:在老伴往生之後,如果子女不孝順又沒有他人的關心和支持,加上老友舊識逐一辭世,在孤苦伶仃的情況下,就容易產生情緒困擾。在失去老伴的老年人中,以鰥夫在無人協助料理家事之下,生活適應能力比較差;寡婦在失去老公之後,還有娘家親屬的關懷,其適應餘生的能力比較強。孤獨老人如果行動不便,在孤苦無依與疾病的雙重壓力下,容易產生憂鬱症,甚至厭世而自殺。

5. **心理的挑戰**:退休者如果沒有規律性的工作,每天無所事事,生活沒有目標,很容易產生無價值感、無用感與空虛感,甚至感覺人生沒有意義。

一個人想要在退休之後，過著輕鬆愉快的生活，至少要具備以下幾個條件，這樣才能夠老來幸福，安享天年：

1. 有足夠的老本。
2. 有健康的身體。
3. 有健康的老伴。
4. 有子女或親人的關懷。
5. 有知心的朋友。
6. 有正當的娛樂和嗜好。
7. 有社會的支持。
8. 有豁達的人生觀。
9. 有永生的盼望。
10. 活到老學到老。

　　每一個人勞碌工作一輩子，不論事業多麼飛黃騰達、官位有多高，最後終究必須面對老邁與死亡。一般人都恐懼死亡，老年人更是如此，追求青春永駐、長生不老或返老還童，是許多老年人的共同願望。老年人回顧自己的一生，如果對自己過去的成就感到滿意，就會覺得自己是有價值的，有死而無憾的感覺，可以坦然接受生命即將結束的事實，而達到自我統整的境界；反之，如果回想自己過去坎坷的人生，一生窮苦潦倒、貧病交加、子孫不肖，無奈年事已高，無法東山再起，面對自己的人生即將結束的無奈，難免怨天尤人，感到遺憾或自責，甚至產生絕望。

　　根據庫柏羅斯（Kübler-Ross）於 1969 年的理論，一個人在面對死亡的過程中，都會經歷否認、憤怒、與老天討價還價、憂鬱與接受等五個階段。也就是說，一開始不認為自己得了治不好的疾病，接著對生重病產生憤怒的心理，怪罪醫師或家人，並且與老天討價還價，認為自己是個好人不應該死，拜託上天多讓自己多活幾年，最後都沒有辦法治好時，就可能陷入憂鬱狀態。不過，有虔誠宗教信仰的老人，對於死後上天堂，來世有永生的盼望，這種精神寄託使他們比較能夠坦然無懼的去面對死亡。

國家圖書館出版品預行編目（CIP）資料

心理與生活：幸福人生關鍵一百 / 葉重新著.
-- 初版. -- 臺北市：心理, 2011.11
面；　公分. --（心理學系列；11040）
ISBN 978-986-191-475-6（平裝）

1.成功法　2.生活指導

177.2　　　　　　　　　　　100020806

心理學系列 11040

心理與生活：幸福人生關鍵一百

作　　者：葉重新
責任編輯：郭佳玲
總 編 輯：林敬堯
發 行 人：洪有義
出 版 者：心理出版社股份有限公司
地　　址：台北市大安區和平東路一段 180 號 7 樓
電　　話：(02) 23671490
傳　　真：(02) 23671457
郵撥帳號：19293172　心理出版社股份有限公司
網　　址：http://www.psy.com.tw
電子信箱：psychoco@ms15.hinet.net
駐美代表：Lisa Wu（Tel: 973 546-5845）
排 版 者：辰皓國際出版製作有限公司
印 刷 者：東縉彩色印刷有限公司
初版一刷：2011 年 11 月
初版二刷：2014 年 2 月
I S B N：978-986-191-475-6
定　　價：新台幣 250 元